Zu diesem Buch

«Die Hausfrauenehe ist ein Risiko, das Frauen nicht länger zuzumuten ist. Heute schon stehen die Chancen 1 : 3, daß die Ehe früher oder später scheitert und die Hausfrauen dann vor dem wirtschaftlichen Nichts stehen. In den kommenden Jahrzehnten wird die Zahl der Ehescheidungen weiter ansteigen.»

Die Rechtsanwältin Barbelies Wiegmann zeigt an Protokollen aus der Scheidungspraxis, wie gefährlich Frauen leben, die Ehe und Familie als ihre Lebensaufgabe betrachten und auf eine unabhängige Existenz verzichten. Sie kämpft gegen die Hausfrauenehe, gegen die Arbeitsteilung, die Frauen ans Haus fesselt und Männer aus der Familie verbannt. Gemeinsam müssen Männer und Frauen alternative Familienformen suchen und erstreiten.

Barbelies Wiegmann, geboren 1933, Dr. jur., Rechtsanwältin in einer westdeutschen Großstadt, zwei Kinder. Seit 1974 eng mit der neuen Frauenbewegung verbunden. Mitglied der Enquête-Kommission des 8. Deutschen Bundestags = «Frau und Gesellschaft».

Frauen aktuell-Bände zum Thema:

Cheryl Benard/Edit Schlaffer, Die ganz gewöhnliche Gewalt in der Ehe. Texte zu einer Soziologie von Macht und Liebe (rororo aktuell 4358)

Dieter Boßmann, Mütterfeindlichkeit. Von der Schande, Kinder zu haben (rororo aktuell 4539)

Marielouise Janssen-Jurreit (Hg.),
Frauenprogramm – Gegen Diskriminierung. Ein Handbuch (rororo aktuell 4426)

neu bei Frauen aktuell:

Martina Bick, Schlankheitsterror (Arbeitstitel/4729 – Dezember 1980)

Virginia Novarra, Vom Wert der weiblichen Arbeitskraft (Arbeitstitel/4723 – Frühjahr 1981)

Barbelies Wiegmann

Ende der Hausfrauenehe

Plädoyer gegen eine trügerische Existenzgrundlage

rororo

Rowohlt

rororo aktuell – Herausgegeben von Freimut Duve
Originalausgabe

Frauen aktuell
Herausgegeben von Susanne v. Paczensky

Wir gehen davon aus, daß der Kampf um Menschenrechte notwendig auch ein Kampf um Frauenrechte sein muß. Wir wissen, daß Frauen speziellen Formen der Unfreiheit und der Ungerechtigkeit unterworfen sind, daß ihre Beteiligung am politischen Handeln auf besondere Hindernisse stößt. Diese Hindernisse sichtbar zu machen, wo möglich abzubauen – durch Erfahrungsberichte, Erklärungsversuche und Lösungsvorschläge – ist das Ziel von «Frauen aktuell».

Veröffentlicht im Rowohlt Taschenbuch Verlag GmbH,
Reinbek bei Hamburg, Oktober 1980

Umschlagentwurf Werner Rebhuhn (Foto: Ilse Schwartz)
Satz Bembo (Linotron 404)
Gesamtherstellung Clausen & Bosse, Leck
Printed in Germany
580-ISBN 3 499 14530 8

Inhalt

Warum ich dieses Buch geschrieben habe

- Ich leide unter dem Widerspruch zwischen den immer lauter werdenden Appellen an Frauen, ihre Berufe aufzugeben und ausschließlich Mütter und Hausfrauen zu sein und den traurigen Konsequenzen für Frauen, die ich in meinem beruflichen Alltag erlebe.
  Ich leide unter dem Widerspruch zwischen der lieblichen Idylle des Hausfrauenglücks, das von allen Seiten angepriesen wird, und der trostlosen Wirklichkeit, die ich als Rechtsanwältin mitansehen muß.
  Die Hausfrauenehe ist heute für Frauen ein unzumutbares Risiko geworden. Fast jede dritte Ehe wird geschieden. Hausfrauen mit ihren Kindern geraten nach der Scheidung überwiegend in wirtschaftliche Not. Auf Unterhalt ist kein Verlaß. Falls überhaupt Unterhalt gezahlt wird, ist er in der Regel kaum mehr als ein Almosen, von dem die geschiedene Hausfrau nicht leben kann. Frauen, die der Familie zuliebe ihren Beruf aufgaben oder in Erwartung der Familienrolle keinen Beruf erlernten, sind in den meisten Fällen nach der Scheidung zur Erwerbstätigkeit gezwungen, wollen sie nicht aufs Sozialamt angewiesen sein oder den Rest ihres Lebens mit Unterhaltsprozessen verbringen. Da ihnen Berufsausbildung und/oder Berufserfahrung fehlt, müssen sie oft mit einfachen und schlecht bezahlten Erwerbstätigkeiten vorlieb nehmen. Ihre wirtschaftliche Situation ist entsprechend miserabel, ihre Alterssicherung ist minimal. Dazu kommen Probleme mit den Kindern und die eigenen seelischen Nöte.
- Ich habe in diesem Buch betroffene Frauen selbst zu Wort kommen lassen. Dabei habe ich bewußt typische *Durchschnittsfälle* ausgewählt, wie sie jeden Tag vor den Familiengerichten verhandelt werden. Ehen mit besonderen Belastungen, in denen zum Beispiel Alkohol oder Gewalt eine Rolle spielen, habe ich wegen der speziellen Problematik ausgeklammert.
- Ich will mit diesem Buch zufriedene Familien-Hausfrauen nicht unzufrieden machen. Ich bin davon überzeugt, daß ich das gar nicht könnte. Aber ich will ihnen sagen, daß ihr Glück selten geworden ist und daß es am seidenen Faden hängt. Ich will sie ermutigen, ihren Töchtern und Söhnen von den Schwierigkeiten und Gefahren

einer Hausfrauenehe zu erzählen und mit ihnen andere Wege einer Partnerschaft zu diskutieren.

- Frauen, die als Familien-Hausfrauen in familiären Schwierigkeiten leben oder deren Ehen zerbrochen sind, will ich sagen, daß die meisten ihrer Schwierigkeiten nicht auf «persönlicher Schuld» beruhen und daß sie damit nicht allein dastehen. Ich möchte Wege aufzeigen, aus den Problemen herauszufinden.
- Ich zeige die Alternative zur Hausfrauenehe auf, eine Partnerschaft, in der Frau *und* Mann sowohl für Beruf als auch für Kinder und Haushalt in gleichem Umfang zuständig sind. Damit möchte ich auch junge Mädchen und Frauen, die ihr Leben noch planen können, ermutigen, neue Wege für die Zukunft zu überdenken.
- Ich danke allen Frauen, die bereit waren, über ihr Leben und ihre Ehen offen mit mir zu reden. Sie haben dieses Buch ermöglicht.

Juni 1980
Barbelies Wiegmann

1. Ich gehöre dazu

Ich bin Rechtsanwältin und will über Hausfrauen schreiben. Redet eine Blinde von der Farbe?
Ich bin nicht blind.
Fast täglich sehe ich Hausfrauen mir gegenüber an meinem Schreibtisch. Frauen, die vor acht oder zehn oder fünfzehn Jahren bereit gewesen waren, ganz für ihre Familie da zu sein. Die sich entschlossen hatten, Kinder auf die Welt zu bringen und sie zu betreuen, den Haushalt zu führen, den Mann zu versorgen. Ich rede also von hauptberuflichen Familien-Hausfrauen.[1]
Hausfrauen, die nun vor einem Scherbenhaufen stehen. Weil ihre Ehe zerbrach und die Familie, das Zentrum ihres Lebens. Ich sehe Frauen weinen, weil sie nicht begreifen können, warum ihre Ehe in die Brüche ging. Hausfrauen voller Enttäuschung, Schmerz, Bitterkeit und Wut. Sie sind ratlos und wissen nicht, wie es weitergehen soll – allein und ohne eigene wirtschaftliche Existenz. Sie haben Angst vor dieser neuen ungewissen Zukunft, von der ihnen vorher keiner erzählte.
Ich bin berührt vom Schicksal dieser Frauen.
Ich verstehe ihren Schmerz und ihre Bitterkeit. Und ich bin wütend über die trostlose Lage, mit der die meisten zu kämpfen haben.

Ich bin nicht nur berührt. Ich bin betroffen.
Mich geht das Schicksal von Hausfrauen ganz persönlich etwas an.
Nicht nur, weil ich selbst Hausfrau bin. Alle Frauen sind – auch – Hausfrauen.[2] Damit machte ich es mir zu einfach. Natürlich fühle ich mich in erster Linie für meine Kinder verantwortlich. Natürlich organisiere ich unseren Haushalt – mit Hilfe meines Mannes. Ich versuche nach besten Kräften alles zu tun, damit wir vier möglichst froh in einer Familie leben können.
Aber ich will mir nichts vormachen:
Ich bin nicht hauptberuflich Hausfrau.
Ich habe außer der Familie noch etwas anderes, was mich ausfüllt – und ernähren könnte –: meinen Beruf.
Damit gehöre ich nicht zu denen, deren Schicksal mich hier bewegt.

Ich bin betroffen, weil ich so gern zu ihnen gehört hätte!
Mein innigster Wunsch war von Kindheit an, selbst Kinder zu haben und ausschließlich Hausfrau zu sein. Für mich erschien dies als das

schönste Leben auf der Welt überhaupt! Selbstverständlich war es allerdings nicht.

Mir war klar, daß ich diesen Wunsch nicht aus eigener Kraft verwirklichen konnte. Ich brauchte dazu einen Mann – und die große Frage war: fand ich den so ohne weiteres?

Natürlich fühlte ich mich wie fast alle jungen Mädchen damals ziemlich häßlich. Das bedeutete eine enorme Erschwerung des Problems. Mein Gott, ich konnte ja auch «sitzenbleiben!» Ab und zu tauchte in unserer Bekanntschaft die eine oder andere alleinstehende, berufstätige Frau auf – von meinen Eltern mitleidig als blutleere Jungfer bezeichnet. Die hatte keinen Mann gekriegt, die Arme, und keine Kinder, war also ganz, ganz tief enttäuscht und verbittert (das Wort «frustriert» war damals noch nicht bekannt). Der blieb natürlich nichts anderes übrig, als sich auf den Beruf zu werfen. Aber wenn die anders gekonnt hätte ...!

Glücklichsein bedeutete für mich schön sein, demzufolge zu heiraten, Kinder zu kriegen. Glücklichsein bedeutete eine richtige Frau zu sein mit einer richtigen glücklichen Familie! Und wenn sie nicht gestorben sind ... Ich kann nicht behaupten – wenn ich ehrlich bin –, daß ich diese Vorstellungen änderte, als ich Studentin wurde. Natürlich war ich damals nicht ehrlich.

Ich tat so, als legte ich meine ganze Kraft auf mein juristisches Studium. Aber was sollte ich auch tun? Ich mußte ja die Zeit bis zu dem großen Tag, an dem mein Glück anfangen sollte, irgendwie sinnvoll überbrücken. Schlimm war nur, daß ich fürchten mußte, durch mein «männliches» Studium meine Glückschancen zu gefährden.

«Die Männer mögen keine gescheiten Frauen», warnte meine Mutter des öfteren eindringlich. «Halt den Mund, damit sie nicht merken, daß du gescheit bist.»

Katastrophe: ich galt schon als recht begabte Studentin der Rechte! Ich war zwar auch exquisit im Kuchenbacken – aber das wußten schließlich nur wenige. Ich erinnere mich, daß ich mit einem ganz netten Kommilitonen in einer Kneipe saß und interessiert einem politischen Streitgespräch zuhörte, das er mit einem anderen Studenten führte. Mir gefielen seine Ansichten sehr, und ich teilte sie weitgehend. Am Schluß der Diskussion wandte er sich mir zu und fragte: «Und was meinen *Sie* eigentlich dazu?» Ohne Zögern flötete ich mit liebevollem Augenaufschlag: «Ach wissen Sie, von Politik verstehe ich gar nichts ...»

Inzwischen kamen die ersten Heiratsanzeigen oder gar Geburtsanzeigen ehemaliger Klassenkameradinnen. Das war jedesmal ein Stich ins Herz und ich versank für Tage in Trauer.

Heute bin ich ganz sicher:
Wenn mir im dritten Semester ein ernst zu nehmender Mann einen Heiratsantrag gemacht hätte – ich hätte mit Freuden meine Bücher ins Feuer geworfen!
So ist es fast schon Zufall, daß ich das erste und später das zweite juristische Staatsexamen machte.
Eigentlich hatte ich ständig auf das «wirklich große Glück» gehofft. Das Verrückte daran ist: ich war mit großer Freude Juristin. Mir gefiel die klare Logik der Rechtswissenschaft. Vor allem aber war ich fasziniert von der Vielfalt menschlicher Konflikte, die sich hinter den «juristischen Fällen» offenbarten. Rechtswissenschaft wurde für mich ein Handwerkszeug, um diese Konflikte lösen zu helfen.
Das zweite Staatsexamen machte ich – nach acht Jahren Ausbildung – in derselben Woche wie mein Freund. Wir waren beide gute Juristen und die Examensnoten waren erfreulich. Nach dem Examen überlegte sich mein Freund gründlich und ausführlich, wie er seine künftige Berufslaufbahn gestalten sollte. Natürlich suchte er einen Beruf, der seinen persönlichen Neigungen entsprach und in dem er sich möglichst voll entfalten konnte. Selbstverständlich mit gutem und gesichertem Einkommen.
Ich suchte einen Job. Wir wollten nämlich bald heiraten und möglichst auch bald Kinder haben. Also suchte ich einen Teilzeitjob, den ich mit meiner künftigen Familie vereinbaren konnte. Wenigstens für den Anfang, denn wir hatten kein Geld. Die trostlose gemeinsame Finanzlage wollte ich also zunächst noch ein bißchen aufbessern helfen. Selbstverständlich wollte ich den Job so schnell wie möglich aufgeben, wenn wir erst aus dem Gröbsten raus waren. Dann wollte ich mein Glück als Hausfrau und Mutter richtig genießen! Deshalb war es auch völlig egal, ob die Beschäftigung, die ich dann fand, mir Spaß machte oder nicht. «Sie können hier natürlich keine Karriere machen», sagte mein Chef. «Aber es ist ein phantastischer Nebenjob für den Fall, daß Sie heiraten.»
Das tat ich dann auch. Ich war froh, so eine günstige Job-Gelegenheit gefunden zu haben, denn unser Sohn meldete sich zu unserem Entzükken sofort an. Ich schwelgte: das große Glück kam!
«Du hörst doch wohl auf, wenn das Baby da ist?» Ständige Frage meiner lieben Freunde und Nachbarn.
Ich hörte nicht auf. Mir – und anderen – redete ich ein, daß wir noch notwendig auf meinen Mitverdienst angewiesen waren. Außerdem ließ sich gerade mein Job – ohne feste Dienststunden! – relativ gut mit den Familienpflichten vereinbaren. Wenigstens noch ein paar Monate

oder vielleicht ein Jahr oder vielleicht bis zum zweiten Kind wollte ich noch nebenbei berufstätig sein.
Natürlich war mein Traum immer noch, endlich ausschließlich Hausfrau und Mutter sein zu dürfen!
Ich arbeitete also weiter, aber ich tat es nun mit ständigen Schuldgefühlen. Mein armes Kind! Nach dem zweiten Kind: meine armen Kinder! Ob die wohl seelische Schäden davontragen würden? Überall las ich darüber. Es war ja auch der krasseste Egoismus, da weiter an meiner Juristerei zu hängen und mich den Kindern nicht den ganzen Tag zu widmen! Machten sie länger in die Hose, als in den Lehrbüchern stand? War die Trotzphase nicht besonders heftig? Und das Nachbarkind hatte schon zwei Zähne mehr!
Ich wurde Super-Mutter. Ich sauste zu «Mütter turnen mit kleinen Kindern» und zur Musikschule, ich spielte hingebungsvoll Kasperletheater, veranstaltete die attraktivsten Kindergeburtstage, dachte mir jeden Abend eine neue eigene Gute-Nacht-Geschichte aus und buk zu Weihnachten nicht drei, sondern sieben Sorten Plätzchen. Meine juristische Arbeit machte ich im Supertempo morgens oder abends, wenn die Kinder schliefen.
Ab und zu ein bedeutungsvoller Blick einer Nachbarin: «Na, sind Sie nicht reichlich nervös?» Mein Gott ja – die armen Kinder –, wirklich, demnächst höre ich auf! Selbstverständlich, daß ich außerdem immer hübsch und ausgeruht aussehen wollte, wenn mein Mann nach Hause kam. Wie durch ein Wunder gehörte der zu der knappen Sorte Männer, die Berufstätigkeit ihrer Frau im Prinzip ganz gut fanden. Ich weiß genau: hätte er mir damals ernsthaft nahegelegt, die Juristerei sausen zu lassen, ich hätte es sofort getan! Manchmal war ich sogar gekränkt, daß er mich nicht dazu aufforderte. Ich erwartete es weil ich den – mir selbst auferlegten – Stress oft fast unerträglich empfand.
Ich wäre so gern eine glückliche und zufriedene Hausfrau geworden.
Erst sehr viel später ist mir klargeworden, daß ich unbewußt einen ganz anderen Weg gegangen bin. Aber der geringste Zufall oder Eingriff von außen hätte mich davon abbringen können. Und ich bezahlte für diesen Weg mit einem ständig schlechten Gewissen und mit Stress, unter dem ich fast zusammenbrach.
Ich bin betroffen von dem Schicksal jeder Hausfrau, die den Weg gegangen ist, den ich eigentlich gehen wollte. Die ihr Eheglück zur Existenzgrundlage machte. Die den Boden unter den Füßen verlor, weil das Eheglück nicht hielt.
Eine Hausfrau ohne Haus: ich hätte es genausogut werden können.

2. Trugbilder vom Eheglück

Ehen haben glücklich und harmonisch zu sein. Man muß nur erst die wirklich «große Liebe» finden. Dann ist das tägliche Eheglück garantiert und dauert selbstverständlich ein Leben lang.

Mit dieser Illusion beginnen noch immer die meisten Ehen. Tauchen Konflikte auf, so werden sie sorgfältig unter den Teppich gekehrt.

Wenn ich als Rechtsanwältin nach dem Ehescheidungsgrund Nummer eins gefragt würde, so hieße der: «Wir können nicht miteinander reden ... und wenn wir es tun, ist es, als spräche der eine spanisch und der andere chinesisch.»

Dabei glaube ich nicht den weisen Reden derer, die meinen, Menschen von heute hätten nur verlernt, miteinander zu reden. Ehepaare früherer Zeiten haben mit Sicherheit eher weniger geredet als heute. Damals hing nur nicht so viel davon ab! Solange zum Beispiel die Arbeitsbereiche von Bauer und Bäuerin, von Handwerker und Handwerkerfrau noch fest miteinander gekoppelt waren, solange zusammen *gearbeitet* wurde, fand Kommunikation auch wortlos statt. Zudem blieb in einer Zeit, in der die Menschen in der Regel von morgens bis abends arbeiteten, nicht sonderlich viel Zeit zum Reden.

Die Vierzig-Stunden-Woche von heute und die täglich getrennte Arbeitswelt von Mann und Frau in der Ehe stellen sehr viel schwierigere Anforderungen an die Kommunikation. Das Miteinander-Reden (und Einander-Zuhören) ist fast die einzige Brücke zwischen den Ehepartnern.

Dazu kommt, daß Menschen heute sehr viel älter werden als noch vor hundert Jahren. Ehen unserer Zeit können also viele Jahrzehnte dauern.

Miteinander leben heißt miteinander reden. – Aber davon redet niemand.

Es kommt noch schlimmer:

Wir tun nicht nur so, als sei die Ehe ein Hort ständigen Glücks. Wir tun auch so, als sei dieses persönliche Glück eine lebenslange sichere Existenzgrundlage für die Hälfte aller Menschen – nämlich für Frauen.

Jeder Mensch überlegt sich spätestens nach der Pubertät, wovon er später einmal leben will.

Die Zeiten sind vorbei, in denen Söhne selbstverständlich den Acker, den Betrieb oder das Geschäft des Vaters übernahmen.

Die Zeiten sind auch vorbei, in denen Töchter gar nichts anderes tun konnten, als auf die Ehe zu warten, um versorgt zu sein.
Und schließlich sind für die meisten von uns die Zeiten vorbei, in denen jedes Kind – noch nicht erwachsen geworden – sich irgendeine Arbeit suchen mußte, um überhaupt existieren zu können.
Der Mensch von heute sichert sich sein tägliches Brot unabhängig vom Elternhaus durch einen – möglichst zu erlernenden – *Beruf*.
Ein Beruf, was ist das? Nehmen wir einmal ein Lexikon zur Hand, zum Beispiel Meyers Enzyklopädisches Lexikon:
«Beruf ist die hauptsächliche Tätigkeit (Erwerbstätigkeit) des einzelnen, die auf dem Zusammenwirken von Kenntnissen, Erfahrungen und Fertigkeiten beruht. Der Beruf dient als Existenzgrundlage.»[1]
Es gibt, wie wir wissen, Hunderte von Berufen in unserer modernen Gesellschaft. Berufe an der Maschine, Berufe mit der Hand, Berufe mit dem Kopf. Berufe an der Luft und Berufe im Zimmer. Berufe, für die man lange lernen muß und solche, die man ungelernt ergreift. Berufe mit großen Gehältern und Berufe mit kleinen Löhnen, Berufe, von denen man gut leben kann und solche, in denen es kaum zum Leben reicht.
Aus dieser bunten Berufspalette ragt ein Berufsangebot von ganz besonderer Eigenart heraus. Es ist der Beruf der Ehefrau mit Kindern, der Familien-Hausfrau. Dieses Angebot richtet sich an Frauen. Und zwar *ausschließlich* an Frauen.
Damit nicht genug: jeder Mensch *erwartet* auch, daß alle Frauen früher oder später diesen Beruf ergreifen. Sie gelten nämlich als die einzigen, die für diesen Beruf zuständig sind.
Betreuung und Erziehung der Kinder ist heute wie vor 2000 Jahren ungefragt Frauensache. Völlig unabhängig davon, ob und wie lange der Säugling gestillt wird – versteht sich. Frauen sind nicht nur die neun Monate während der Schwangerschaft für die Kinder ausschließlich zuständig, sie sind es so lange, bis die Kinder erwachsen sind – und selbst danach noch! Warum, weiß kein Mensch. Wo doch auch die Väter am Entstehen der Kinder beteiligt sind – im Zeitalter der Wunschkinder meist auch ganz absichtlich.
Außer für die Kinder sind Frauen auch selbstverständlich für das Drumherum verantwortlich, also für das Innenleben der Familie und deren Lebensraum, den Haushalt.
Kinder, Familie, Haushalt: Frauen, es ist allein unsere Sache!
Nicht nur unsere Sache, angeblich auch unser Lebensberuf.
Die Zuständigkeit für Kinder, Familie und Haushalt ist nämlich gekoppelt mit einem atemberaubenden Angebot: Vorausgesetzt, wir

bringen unsere Kinder in einer ordnungsgemäßen Ehe mit einem Ehemann zur Welt und sind gewillt, diese Kinder auch allein zu betreuen, dann wird uns diese Tätigkeit als ein Beruf wie jeder andere garantiert.
Mehr noch! Die Tätigkeit der ehelichen Familien-Hausfrau gilt sogar als ganz besonders wertvoller und wichtiger Beruf.
«Der Beruf dient als Existenzgrundlage.» Stimmt das auch hier?
Jawohl, so sagt man zur Familien-Hausfrau, natürlich ist deine Tätigkeit eine Existenzgrundlage! Du tust doch genug dafür!
Die Antwort ist ungenau. Stellen wir uns eine Frau vor, die sich Kinder wünscht und auch zur Welt bringt. Sie ist aber unverheiratet (der Erzeuger der Kinder ist weit weg) und sie möchte ihre Kinder aus irgendeinem Grund ganz allein großziehen. Sie mietet eine Wohnung, betreut die Kinder und versorgt den Haushalt.
Ist ihre Tätigkeit eine Existenzgrundlage? Nein.
Bestenfalls bekommt sie ein paar Groschen vom Sozialamt. Im übrigen muß sie «arbeiten gehen».
Von der Familientätigkeit «leben» kann eine Frau bekanntlich erst in dem Augenblick, in dem sie eine Ehe eingeht.
Also: die Ehe als Existenzgrundlage.
Kann eine Frau davon leben?
Selbstverständlich – so sagt man. Ihr Mann ist doch erwerbstätig und verdient das Geld. Es handelt sich um eine schlichte Arbeitsteilung: er geht außer Haus arbeiten und sie arbeitet im Haus. Die beiden müssen eben einsehen, daß das Geld des Mannes beiden gehört.
Und wenn der Mann das nicht einsieht?
Jetzt werden die Antworten schon dünner. Allerdings wird so etwas auch selten gefragt. Und noch weiter fragt bestimmt niemand. – Deshalb wird auch nichts geantwortet. Es wird noch nicht einmal nachgedacht.
Was ist, wenn es nicht der «richtige» Mann ist?
Was ist, wenn das Glück der Ehe sich nicht einstellt oder endet?
Was ist, wenn der Mann die Frau verläßt? Oder die Frau den Mann?
Wo bleibt dann die Ehe als Existenzgrundlage?
Scheußliche Gedanken, so unbequem!
Nun hält immerhin ein großer Teil der Ehen ein Leben lang. Für viele Familien-Hausfrauen wird also das Versprechen eingelöst, die Ehe sei ihre Existenzgrundlage.
Für sehr viele allerdings nicht ...
Im Klartext:
Auf 100 Eheschließungen kamen im Jahre 1975 28 Ehescheidungen,[2], das heißt, jede 3. bis 4. Ehe wird geschieden. Nach neuesten For-

schungen ist jede 2. Ehe gescheitert oder gefährdet.[3] – Wie viele Ehen sind dann unglücklich?
Über 100000 Ehescheidungen im Jahr – mindestens alle fünf Minuten wird also eine Ehe geschieden. Hierbei ist die große Zahl jener Ehepaare, die aus steuerlichen oder sonstigen Gründen endgültig getrennt leben – ohne sich formal scheiden zu lassen –, nicht miteinbezogen.
Tiefes Luftholen zum Gegenargument:
Aber selbst wenn die Ehe kaputtgeht, dann hat die Familien-Hausfrau Anspruch auf Unterhalt! Damit bliebe doch ihre Existenz gesichert?
Jeder, der wirklich etwas von der Praxis des Unterhaltsrechts versteht, kann hier nur müde lächeln. Ich werde auf das heikle Kapitel des Unterhalts noch sehr ausführlich zu sprechen kommen.
Vorab nur ein paar dieser Zahlen:
Nach einer Untersuchung des EMNID-Instituts aus den Jahren 1977/78 hatten nur 29% aller geschiedenen Frauen überhaupt Anspruch auf Unterhalt. Dabei betrug der Durchschnittsunterhalt DM 420,-. Nur 5% aller unterhaltsberechtigten Frauen konnten von dem Unterhalt, den sie bekamen, gut leben ...
Die Zahl der Ehescheidungen steigt übrigens seit etwa 20 Jahren unaufhaltsam[4] und wird mit Sicherheit auch noch weiter steigen. Nach einer Wiener Studie aus dem Jahre 1977 werden – falls die Entwicklung so weiterläuft wie bisher – im Jahre 2000 rund 85% aller Ehen in Europa geschieden.[4]
Die Ehe als Existenzgrundlage für die Familien-Hausfrau hängt also am seidenen Faden – dem seidenen Faden des Eheglücks. Die Gefahr ist heute mindestens 1:3, daß er reißt.
Kein Mensch nimmt dies bisher offiziell zur Kenntnis. Die unglücklichen Betroffenen schweigen.

Die anderen tun einfach weiter so, als lebten wir noch in längst vergangenen Zeiten.
Noch im vorigen Jahrhundert waren Ehen tatsächlich unauflöslich (wollte man nicht absoluter Außenseiter der Gesellschaft werden). Damals galt also «bis daß der Tod euch scheidet». Allerdings ist dabei nicht zu vergessen, daß der Tod sehr früh kam. Noch 1871 lag die mittlere Lebenserwartung der Männer bei 35,6 und die der Frauen bei 38,5 Jahren.[6]
Inzwischen leben wir aber in einer Zeit, in der Ehen gelöst werden können und gelöst werden. Das mag man bedauern – zu ändern ist es nicht mehr. Kein Mensch kann das Rad der Geschichte zurückdrehen.

Zum anderen waren in der alten bäuerlichen Gesellschaft Ehe und Familie tatsächlich noch eine Wirtschaftseinheit, abgesichert durch Besitz und eine riesige Großfamilie. Wirtschaftliche Gesichtspunkte waren demnach auch zumeist für eine Ehe ausschlaggebend. Es ging nicht darum, ob sich die künftigen Partner liebten. Es ging darum, ob die in Aussicht genommene Ehe genug wirtschaftliche Sicherheit bot, um davon leben zu können. – Leute, die nichts hatten, wie Knechte und Mägde, durften selbstverständlich auch nicht heiraten.

Ich zitiere einen kurzen Ausschnitt aus Shorters Buch *‹Die Geburt der modernen Familie›*, und zwar aus dem herrlichen Kapitel «Verstand und Gefühl beim Werben nach alter Sitte»:

«Der Höhepunkt war gekommen. Er zieht den Sonntagsanzug und seine Lederschuhe (sonst trägt er Holzpantinen) an, ergreift seinen Stock und findet sich, begleitet von seinem Vater, eines Abends im Haus seiner Liebsten ein. Die Feierlichkeit seines Benehmens kann nichts anderes bedeuten, als daß etwas Wichtiges im Gang ist. ‹Einen guten Abend allerseits›, sagen sie beim Eintreten, und der Gruß wird freundlich entgegengenommen. Dann werden sie entsprechend den lokalen Sitten der Gastfreundschaft eingeladen, am Abendessen der Familie teilzunehmen. Aber der Vater des Jungen lehnt ab: ‹Wir sind nicht gekommen, um zu essen oder zu trinken, sondern um die Hand deiner Tochter zu bitten.› ... An diesem Abend kann jedoch noch nichts entschieden werden, denn der Vater des Mädchens muß zuerst den Besitz des Vaters des Jungen besichtigen. Und am folgenden Sonntag wandern beide Familien durch die Felder des letzteren und inspizieren genau die Erntevorräte, die Ställe, die Qualität des Viehs. Er (der Vater des Mädchens) läßt nicht einmal den Dunghaufen aus, dessen Höhe ein sicherer Maßstab des bäuerlichen Wohlstands ist. Die Inspektion setzt sich dann im Hause fort, wo der Vater sich davon überzeugt, daß eine Menge Schinken und Speck an den Dachsparren hängt, daß die Truhen mit Leinen angefüllt sind, daß die Schränke reichliches Geschirr enthalten und schließlich, daß das Dachgeschoß gut mit Vorräten versehen ist. Aber eine solche Inspektion ist für niemand beleidigend. Das ist Geschäft, und im Cantal sind die Leute der Meinung, daß man das ernst nehmen muß.»[7]

...

Wir sind heute stolz darauf, daß die Ehe kein Geschäft mehr ist. Wir sind froh, daß es beim Heiraten nur noch um unser Gefühl geht. Wir heiraten den, den wir lieben, mag er ein noch so armer Schlucker sein! Wir bauen auf Gefühl.

Wieso reden wir dann plötzlich von wirtschaftlicher Sicherheit? Das Gefühl ist keine Existenzgrundlage.
Ich und du und sehr viele suchen in der Ehe Liebe und persönliches Glück. *Mehr* können wir, wenn wir ehrlich sind, von der Ehe nicht erwarten.

3. Wie Frauen ihr Leben planen

Vorerst erwarten wir sehr viel von der Ehe. Die Trugbilder von der Idylle ständigen Glücks und der Garantie lebenslanger wirtschaftlicher Sicherheit für Frauen sind lebendig wie eh und je.
Kein Wunder, daß Frauen ihr Leben anders planen als Männer. Jedenfalls dann, wenn sie heiraten wollen und sich Kinder wünschen. Und das wollen die meisten. Ich habe in der letzten Zeit einige Dutzend Gespräche mit Schülerinnen zwischen 16 und 19 Jahren geführt. Schülerinnen der Hauptschule, der Berufsschule und des Gymnasiums. Bis auf zwei Ausnahmen wollten alle heiraten und Kinder haben, mindestens zwei Kinder, oft vier und mehr.
Die meisten waren also fest entschlossen, früher oder später das Leben einer Ehefrau mit Kindern als Hauptberuf zu ergreifen.

Dies haben Frauen seit Menschengedenken getan.
Frauen bestimmen und bestimmten ihr Leben danach, daß sie eines Tages heiraten, Kinder kriegen und für die Kinder allein verantwortlich sind.
Die Konsequenzen sind unglaublich, wenn auch gestern und heute etwas verschieden.
Natürlich haben zu allen Zeiten auch Frauen spätestens nach der Pubertät darüber nachgedacht, wovon sie später einmal leben wollen.
Noch für meine Mutter und ihre Altersgefährtinnen war es ganz selbstverständlich, daß sie zu diesem Zweck auf einen Mann warten mußten. Möglichst natürlich auf den Mann der Träume, der wie der Prinz das Dornröschen wach küßt. Jedenfalls dann, wenn das Dornröschen das Glück hatte, eine «höhere Tochter» zu sein. Eine Berufsausbildung wurde unter jenen höheren Töchtern erst gar nicht diskutiert. Wozu auch! In kurzer oder kürzester Zeit waren sie ohnehin Ehefrauen und Mütter. Berufe erlernten damals nur die wenigen unverdrossenen Emanzen oder die beklagenswerten Mauerblümchen.
Die Mädchen aus dem Volk gingen arbeiten, in den Fabriken, im Haushalt, in Wasch- und Bügelstuben. Sie hatten niemanden, der ihnen Kreuzstiche und Klavierspiel als Zeitvertreib bis zur Ehe finanzieren konnte. Aber natürlich träumten auch sie von der Ehe, möglichst mit einem Mann, der die Familie mit seinem Lohn allein ernähren konnte.

Als ich im Jahre 1952 Abitur machte, gehörte es für uns Mädchen bereits zum guten Ton, eine Berufsausbildung zu planen und laut zu diskutieren. Aber ganz ehrlich waren die meisten von uns dabei nicht. Ich auch nicht – wie ich bereits sagte. Aber «frau» konnte ja auch wirklich schlecht sagen, «ich vertreibe mir irgendwie die Zeit, bis ich heirate». Nur eine ganz Mutige in der Klasse bekannte sich zu ihrem Ehewunsch und wies Berufspläne souverän von sich. Sie war allerdings auch schon «heimlich verlobt»!
Wir anderen schmiedeten Berufspläne. Natürlich auf dem unausgesprochenen Hintergrund der späteren Ehe. Also möglichst eine Berufsausbildung, die nicht zu lange dauerte. «Ein Studium für ein Mädchen verzinst sich nicht», sagte der Vater meiner Freundin. Sie war hochmusikalisch, hatte eine wunderschöne Stimme und wollte eigentlich Musik studieren. Statt dessen machte sie einen einjährigen Kursus als Fremdsprachensekretärin. – Oder doch ein Studium in Anbetracht der Tatsache, daß die Universität ein guter Heiratsmarkt ist? Eine Klassenkameradin studierte Volkswirtschaft, lernte im 2. Semester ihren späteren Mann kennen und brach daraufhin ihr Studium ab. «Studienziel erreicht», sagte sie.

Heute, im Jahre 1980, sind wir vielleicht ein kleines Stück weiter.
Die meisten der jungen Mädchen planen heute nach der Schule eine Berufsausbildung. Viele überlegen dabei ernsthaft, für welche Tätigkeiten sie begabt sein könnten und was ihnen später im Beruf einmal Spaß machen würde. Nicht unwichtig ist auch, wieviel in dem jeweiligen Beruf verdient werden kann.
Also dieselben Überlegungen, die auch die meisten Jungen heute bei ihrer Berufsplanung anstellen?
Dieselben?
Nein. Es sieht nur so aus.
Nach wie vor sind ja diese berufsplanenden Mädchen zugleich fest entschlossen, eines Tages Ehefrau und Mutter zu werden. Noch immer fühlen auch sie sich für diese zukünftigen Kinder allein verantwortlich. Die wenigsten kommen auch nur auf die Idee, beispielsweise die künftigen Ehemänner an der Kinderbetreuung zu beteiligen. Die wenigen, die vielleicht solche Ideen haben, halten sie weitgehend für Utopie.
Die gesamte Umwelt bestärkt und fördert diese Einstellung. Der 3. Familienbericht der Bundesregierung zum Beispiel aus dem Jahre 1979 (!) spricht auf 184 klugen Seiten ausschließlich von Müttern! Väter scheinen dort bis heute unbekannt zu sein. Väter *sind* bis heute überall unbekannt!

Für Kinder gibt es nur Mütter.
Und die Mütter sind bereit.
Sie sind bereit, ihre gesamte Lebensplanung auf die Kinder auszurichten. Vor allem ihre Berufsplanung.
Frauen planen in der Mehrzahl ihren Beruf also nicht als Lebensberuf, so wie Männer es tun.
Das geht gar nicht!
Schon in ein paar Jahren – meist noch während der Berufsausbildung oder kurz danach – wird ja von den meisten gefordert, plötzlich eine ganz andere Tätigkeit auszuüben: den Beruf der Hausfrau und Mutter! Dieser tritt aufs schärfste in Konkurrenz mit dem erlernten (oder zu erlernenden) Beruf ... und beide sind in der Regel nicht zu vereinbaren. Was tun? Die Ausbildung wird unterbrochen, der erlernte Beruf wird aufgegeben oder drastisch eingeschränkt.
Jeder vernünftige Mensch zieht bei diesen Berufsaussichten von vornherein Konsequenzen ... «Vernünftige» Frauen planen also ihre Berufe auf Zeit, auf Abruf, für die Schublade.
Ich habe den Eindruck, daß die meisten Männer überhaupt nicht genug Phantasie haben, um zu begreifen, was das wirklich heißt.
Wie könnten sonst die Bildungspolitiker zum Beispiel fortgesetzt darüber klagen, daß Mädchen eine so viel schlechtere Berufsausbildung haben als Jungen. Der Grund liegt doch auf der Hand! Von 100 Arbeiterinnen sind 50 ungelernt (einfache Hilfsarbeiter), 44 angelernt (einfache Arbeiter), nur sechs sind gelernte Facharbeiterinnen![1] Was soll auch die lange Lehre, wenn das Geld zu Hause knapp ist und das Mädchen doch bald heiratet!
Wieso wird darüber geklagt, daß Mädchen in die typischen «Frauenberufe» drängen, Verkäuferin, Arzthelferin, Friseuse, Bürogehilfin? – Die Ausbildung ist nicht allzu lang, und hier werden Frauen die wenigsten Schwierigkeiten gemacht. Außerdem ist bei diesen Berufen die Chance größer, später auf «Teilzeit umzusteigen», falls frau trotz des ersten Babys noch (eine Zeitlang) berufstätig bleiben will.
Möglichst kurze Ausbildung, Möglichkeiten von Teilzeitarbeit, Wiedereinstiegschancen nach einer Unterbrechung, *das* sind die maßgebenden Gründe für Mädchen bei der Berufswahl.
Und wenn Mädchen nun trotz allem mit aller Sorgfalt entsprechend ihren Neigungen und Talenten einen Beruf planen und dabei auch eine lange und komplizierte Ausbildung in Kauf nehmen??

1. November 1979
Ich sitze zusammen mit Petra, Katja, Ines, Friederike, Christine, Kerstin und Sabine. Sie sind zwischen 16 und 18 Jahre alt, Schülerinnen

eines Gymnasiums. Es sind Töchter aus bürgerlichen, gutsituierten Familien. Die Väter sind meist höhere Beamte.
Alle sind fest entschlossen, in den nächsten ein, zwei, drei Jahren Abitur zu machen.
Ich frage sie, wie sie sich dann ihre weitere Zukunft vorstellen.[2]

Petra (16):
Ziemlich sicher will ich studieren. Vielleicht Germanistik. Am liebsten würde ich dann Journalistin werden, vielleicht Korrespondentin an einer Zeitung. In jedem Fall will ich mein Studium beenden, bevor ich heirate. Heiraten möchte ich, und am liebsten hätte ich dann vier Kinder. Zuerst würde ich vielleicht versuchen, meinen Beruf noch ein bißchen weiterzumachen, so in Teilzeitarbeit, vielleicht zu Hause. Aber ich weiß nicht, ob das dann überhaupt möglich ist. Jedenfalls würde ich wegen der Kinder meinen Beruf auch ganz aufgeben. Bei mehreren Kindern muß ich das wohl sowieso. Später, wenn die Kinder groß sind, so 15, 16, möchte ich meinen Beruf wiederaufnehmen.

Katja (16):
Vielleicht mache ich erst einmal eine Banklehre. Das ist jedenfalls eine gute Grundlage. Sonst habe ich noch ziemlich ungenaue Vorstellungen über meinen Beruf. Wahrscheinlich werde ich studieren. Kunst oder Jura oder Tiermedizin. Auf jeden Fall möchte ich mein Studium abschließen, damit ich einen eigenen Beruf habe. Dann will ich heiraten und vielleicht zwei Kinder haben. Möglicherweise kann ich dann noch ein bißchen zu Hause arbeiten, z. B. – wenn ich mich für Kunst entschieden habe – als Zeichnerin. Falls es schwierig wird, würde ich dann aber meinen Beruf aufgeben. Die Familie hätte eindeutig Vorrang. Wenn die Kinder groß sind, 15, 16 Jahre, würde ich dann wieder anfangen zu arbeiten.

Ines (16):
Ich möchte am liebsten in München studieren – mein Traum ist Sport. Vielleicht würde ich auch gern Innenarchitektin werden. Hierfür würde ich vorher eine Schreinerlehre machen. Wenn ich Sport studiere, möchte ich gern Sportlehrerin werden. Mein Studium will ich auf jeden Fall abschließen. Ich möchte gern heiraten und zwei oder vier Kinder haben. Für die Kinder würde ich meinen Beruf in jedem Fall aufgeben. Wenn die Kinder älter sind, so 15 bis 16 Jahre alt, möchte ich meinen Beruf wiederaufnehmen. Als Sportlehrerin könnte ich mich z. B. privat durch Sporttreiben fit halten.

Friederike (18):
Ich mache erst mal Ferien nach dem Abitur, dann gehe ich nach München und trainiere dort Galopprennpferde, um mir dadurch Geld zu verdienen. Dann will ich für ein halbes Jahr nach Paris als *au-pair*-Mädchen, um Französisch zu lernen. Dann will ich Französisch, Biologie und Kunstgeschichte studieren, am liebsten in München. Ich habe Spaß an diesen Fächern, und ich habe auch Spaß daran, anderen etwas beizubringen. Ich weiß das, weil ich Nachhilfeunterricht gebe. Ich möchte später heiraten. Kinder will ich aber erst haben, wenn die Referendarzeit vorbei ist. Am liebsten hätte ich vier Kinder. Zunächst würde ich versuchen, meinen Beruf mit der Familie zu vereinbaren. Ich möchte auch deshalb Lehrerin werden, weil das dort besonders gut geht. Wenn ich aber sehe, es wird zuviel, dann höre ich mit dem Beruf auf. Später würde ich dann versuchen, wieder in den Beruf hereinzukommen.

Christine (16):
Noch vor dem Abitur möchte ich ein Jahr nach USA. So mache ich mein Abitur erst ein Jahr später. Dann will ich wohl nicht mehr studieren, weil es dann so spät wird, bis ich fertig bin. Ich möchte am liebsten viel reisen, in fremde Länder. Vielleicht gehe ich in ein Reisebüro. Jedenfalls gebe ich meinen Beruf auf, wenn ich heirate. Ich möchte mindestens vier Kinder haben oder mehr. Am liebsten würde ich einen Diplomaten heiraten, dann hätte ich die Möglichkeit, oft in fremde Länder zu kommen.

Kerstin (17):
Nach dem Abitur will ich erst mal Geld verdienen, um dann mindestens ein halbes Jahr in die Welt zu reisen. Dann will ich ein soziales Jahr machen, z. B. im Landeskrankenhaus. Danach möchte ich studieren, am liebsten im Ausland. Am liebsten in Paris, aber das wollen so viele. Deshalb lieber in Italien. Ich will dann noch eine andere Sprache nehmen (möglichst eine ausgefallene Sprache) und dann vielleicht Dolmetscherin werden. Eigentlich möchte ich auch gern eine Schneiderlehre machen und dann vielleicht ein Geschäft aufmachen.
Heiraten würde ich später, wenn überhaupt. Kinder möchte ich schon haben. Wegen der Kinder wäre es allerdings besser, früher zu heiraten. Für die Kinder würde ich auch meinen Beruf aufgeben. Vielleicht kann ich dann später wieder einsteigen.

Sabine (17):
Zunächst möchte ich ein Jahr nach USA. Dann will ich studieren und am liebsten Sozialpädagogin oder Pfarrerin werden. Ich würde gern

anderen Menschen Gott näherbringen. Ich möchte gern heiraten und vier Kinder haben. Für die Kinder würde ich natürlich meinen Beruf aufgeben.

Fast alle wollten am liebsten so um 25 herum heiraten, jedenfalls aber unter 30 Jahren, damit die Kinder noch junge Eltern haben. Schwierig fanden sie dabei, wie man es anstellen soll, bis dahin das Studium abgeschlossen und auch schon einen Beruf zu haben.
Die Ehe soll natürlich das ganze Leben dauern. Fast alle fanden letzten Endes die Familie wichtiger als den Beruf.
«Für die Kinder würde ich natürlich den Beruf aufgeben.» Dazu waren alle entschlossen, und zwar ohne jedes Zögern! «Ich kann doch meine Kinder nicht allein lassen!» Das war ihr Argument.
Später, wenn die Kinder groß sind, möchten alle in den ehemaligen Beruf wieder einsteigen ...
Jeder, der den Arbeitsmarkt in der Realität kennt und außerdem weiß, wieviel wichtiger als erlernte Kenntnisse eine lange Berufserfahrung ist, kann dieser geplanten Rückkehr nur minimale Chancen geben.
Berufe für die Schublade ...
Wer weiß, wie viele der Mädchen mit dieser Aussicht überhaupt ihre Berufsausbildung zu Ende bringen?[3] Ich könnte es ihnen kaum verdenken.
Frauen planen ihr Leben anders als Männer.
Schlimm? Es war doch schon immer so!
Ja, sehr schlimm, sage ich.
Die Folgen sind zu oft trostlos ...
In Wirklichkeit können es sich Frauen schon lange nicht mehr leisten, ihr Leben anders zu planen als Männer. Sie brauchen Berufe, Berufe fürs Leben. Die Hausfrauenehe ist keine Alternative – sie funktioniert nur in Ausnahmefällen. Noch sagt dies niemand laut. Es wird Zeit, daß wir die Wirklichkeit zur Kenntnis nehmen – auch die Wirklichkeit unserer Ehen ...

Andrea E., 36 Jahre alt, 2 Kinder, geschieden

Andrea ist angelernte kaufmännische Angestellte – mit 18 Jahren heiratete sie Wilhelm – 3 Jahre später wurde Thomas und 2 Jahre darauf Michael geboren – als sie 30 war, trennte sich Wilhelm von der Familie – 2 Jahre später wurde die Ehe geschieden.

Andrea lebte als einziges Kind bei ihrer Mutter, nachdem die Ehe ihrer Eltern geschieden war. Die Mutter starb, als Andrea 14 war, und Andrea kam zur Großmutter. Die finanziellen Verhältnisse waren dürftig. Andreas Vater zahlte DM 100,- Unterhalt an die Großmutter.
Nach der Volksschule besuchte Andrea ein Jahr eine private Handelsschule, danach wurde sie «kaufmännischer Anlernling» und nach einem Jahr Anlernen kaufmännische Angestellte.

Warum haben Sie diese kurze Ausbildung gemacht?
«Ja, mir wurde das angeboten, ich brauchte nur diese kurze Anlernzeit von einem Jahr, keine Lehrzeit, die ja drei Jahre dauert. Ich konnte dann als kaufmännische Angestellte sehr schnell Geld verdienen.»
Können Sie sich vorstellen, daß Sie das auch so gemacht hätten, wenn Sie ein Mann gewesen wären?
«Nein, ich glaube nicht, daß ich dann im Büro versauert wäre. Als Mann, würde ich sagen, hätte ich andere Vorstellungen gehabt: mehr rauszukommen, unter andere Leute zu kommen, während man im Büro dann ja meist bleibt. Aber als Frau konnte ich mir zu diesem Zeitpunkt doch nichts anderes denken, als wie: da bist du, und da bleibst du, und das ist für dich 'ne geregelte Sache, und das ist schon so in Ordnung.»

Mit 16 Jahren lernte Andrea ihren späteren Mann Wilhelm kennen. Wilhelm war Versicherungskaufmann. Beide verliebten sich und verlobten sich bald darauf.

«Was ich da erlebt habe in der Ehe meiner Eltern oder miterlebt habe, darüber hatte ich mir doch schon meine Gedanken gemacht. Ich hatte mir gesagt, so machst du's mal nicht.»

Als Andrea 18 war und Wilhelm 21, heirateten sie. Sie suchten sich eine kleine Wohnung und zogen aufs Land. Die nächsten drei Jahre – bis zur Geburt des ersten Sohnes – blieb Andrea im Beruf. Andrea und Wilhelm verstanden sich gut. Andrea organisierte zwar neben dem Beruf weitgehend den Haushalt allein, aber Wilhelm half tatkräftig mit. Als Thomas geboren wurde (1965), gab Andrea ihren Beruf auf.

«Ich ging nicht mehr arbeiten und blieb zu Hause, weil mein Mann das so wollte. Ich blieb aber auch gern zu Hause, weil das Kind doch in der ersten Zeit die Mutter braucht. Das ist so meine Einstellung, wenn die Kinder klein sind, daß die Mütter zu Hause sind bei den Kindern. Bei uns kam also gar nichts anderes in Frage.»

Die Ehe lief weiterhin gut. Andrea war jetzt voll für Haushalt und Kind verantwortlich und Wilhelm für den Beruf. Andrea verwaltete das Geld für die Familie. Die wichtigsten Entscheidungen wurden zusammen getroffen.

Wilhelm war wahnsinnig stolz, daß er einen Sohn hatte. Er spielte mit ihm am Wochenende, fütterte ihn schon mal und trug ihn durch die Gegend. Zwei Jahre später wurde Michael geboren.

«Er freute sich so sehr über seinen zweiten Sohn. Ich weiß noch, wie er meine Stiefmutter, die zweite Frau meines Vaters, hochhob nach der Geburt des Babys und jubelte, daß er 'nen zweiten Sohn hatte.»

Dann veränderte sich Wilhelm im Beruf. Er kündigte seine Stellung als Büroleiter bei einer Versicherungsfirma und war dann für eine andere Versicherungsfirma im Außendienst als Revisor im ganzen Bundesgebiet tätig.

Zum erstenmal traten Spannungen in der Familie auf. Wilhelm war die ganze Woche über unterwegs, und am Wochenende wollte er seine Ruhe haben.

«Er hatte keine Zeit mehr für seine Familie. Er kam nur am Wochenende nach Hause, und der Wagen blieb dann in der Garage stehen. Er wurde geputzt, und die Familie durfte noch nicht mal mitfahren, der Vater war ja kaputt und müde und mußte sich ausruhen. Die Kinder mußten sich ruhig verhalten und durften ihn nicht stören. Wir hatten also meistens Krach am Wochenende, wenn er da war. Unsere Interessen waren so verschieden: ich wollte raus am Wochenende, unter Leute, mal was anderes sehen, weil ich in der Woche ja überhaupt nichts hatte als nur Wohnung und Kinder. Er wollte am Wochenende möglichst viel schlafen. Selbst die Kinder waren ihm zuviel. Es war für mich 'ne arge Belastung, die Kinder, obwohl sie ja so klein waren, ruhig zu halten, damit Vater seine Ruhe hatte.»

Machte er das denn gern, daß er die Woche über nach draußen fuhr?

«Ja, unbedingt. Er fuhr dann einen sehr schönen Wagen. Ich hatte eine Erbschaft gemacht, und aus dieser Erbschaft heraus wurde der Wagen finanziert. Es war ein schnittiges Wägelchen, was ihm sagenhaft gefiel. Er fuhr damit vor Hotels vor und liebte die gewisse Schau, die er da aufziehen konnte, aufs innigste.»

Ansonsten gab es in der Ehe keine Schwierigkeiten. Das einzige Problem war eben, daß Andrea und Wilhelm so verschiedene Lebensweisen hatten. Das ging so weiter etwa ein halbes Jahr.

«Bis ich dann so weit war, daß ich ihm gesagt habe, ich mache das nicht mehr mit. Die Kinder kennen dich kaum, am Wochenende bist du mehr oder weniger nur im Bett und schläfst.

Ich habe dann in einer Versicherungszeitschrift nachgeblättert und fand eine Annonce und habe ihm gesagt, er möchte sich doch darum mal bewerben, und das war in Düsseldorf. Er hat sich dort auch beworben, wurde angenommen, und daraufhin zogen wir später alle zusammen nach Düsseldorf. Er war dort leitender Angestellter in einer Versicherungsgesellschaft. Er ging morgens in den Dienst und kam abends nach Hause, hatte also endlich geregelte Arbeitszeit.»

Seit 1968 lebte die Familie E. in Düsseldorf. Der Grund der Spannungen war behoben, das Familienleben wurde wieder friedlich. Einige Jahre ging alles gut.

«Bis er mit einemmal anfing und sagte, ich will weiterkommen in der Firma, sei mir nicht böse, ich muß Überstunden machen. Wir profitieren ja letzten Endes alle mal davon. Ich war damit dann auch einverstanden.»

Und wie sah das dann aus?

«Ja, er machte Überstunden, erst mal bis 8 Uhr abends, und das über Wochen hin. Als ich ihn mal fragte, ist denn kein Ende abzusehen, sagte er, nein, es könnte sogar noch ärger kommen. Er hätte eine Position in Aussicht, die er unbedingt anstrebt, und er möchte in dieser Firma was werden, und, wenn er sich anstrengen würde, könnte er das auch.»

Andrea sah das ein und akzeptierte Wilhelms neuen Arbeitsstil. Die Überstunden häuften sich. Sie häuften sich übermäßig, als Wilhelm außerdem noch das Betriebsfest zum hundertjährigen Bestehen der Firma zu organisieren hatte. Es wurde abends zehn, elf Uhr, bis Wilhelm nach Hause kam. Manchmal erzählte er von einer Assistentin, die ihm bei den Vorbereitungen zum Fest half. Es war das Jahr 1973. Das Betriebsfest lief mit großem Trara über die Bühne.

«Er hatte die Ansage zu machen, also den ganzen Abend zu arrangieren, mit Assistentin. Anschließend sagte er mir, er möchte nach dem Fest in Düsseldorf bleiben, die Firma hätte ein Hotel gemietet. Schließlich wolle er von dem Abend etwas haben. Wenn er in der

Nacht wieder nach Hause kommen würde, könne er ja nichts trinken. Ich war damit einverstanden, warum nicht, ich hatte ja überhaupt keine Bedenken.»

Aber auch nach dem Fest wurden die Überstunden nicht weniger. Im Gegenteil. Wilhelm kam anfangs gegen 11 Uhr nach Hause, später wurde es dann immer ein Uhr, an manchen Tagen sogar drei oder vier Uhr morgens. Eines Tages rückte Wilhelm mit dem Wunsch heraus, sich in der Innenstadt von Düsseldorf – die Familie wohnte 25 km außerhalb der Stadt – ein Zimmer zu mieten.

«Er sagte, es ist mir zuviel, die Fahrerei und noch die Überstunden, und auch die ganze Familie, das ganze Drum und Dran. Ich sollte damit einverstanden sein. Da habe ich gesagt, ich bin's nicht. Ich sehe nicht ein, warum ich deine Dreckwäsche machen soll, und du gehst am Morgen wieder mit frischen Sachen aus dem Haus in dein Zimmer zurück und kommst nur alle Jubeljahre, wie's dir einfällt. Ich habe auch gesagt, wenn du das machst, dann ist hier alles vorbei. Er fuhr dann mit dem Auto einen ganzen Tag lang weg. Abends kam er zurück, heulte wie ein Schloßhund, entschuldigte sich und sagte, es kommt nicht wieder vor. Es sei dumm von ihm gewesen, und seine Familie ginge ihm doch über alles.»

Anschließend fuhren Andrea und Wilhelm in Urlaub. Es wurde wunderschön, wie «die zweiten Flitterwochen», erinnert sich Andrea.

Aber nach dem Urlaub war wieder alles vorbei. Wilhelm machte jetzt nicht nur Überstunden, sondern blieb auch an Wochenenden weg. Er müsse ins Rechenzentrum und Computertests durchführen, gab er an. Die Maschinen seien dort nur an Wochenenden frei. Andrea war verzweifelt, fühlte sich aber machtlos. Sie rief manchmal abends im Büro an, erreichte ihn aber nie an seinem Schreibtisch. Sie wollte wissen, was los war.

«Ich habe ihn sehr oft danach gefragt, weil ich versucht hatte, ihn anzurufen, und er war nie da. Aber er kam mit sämtlichen Ausreden, dann war er in einem anderen Raum, dann war er im Rechenzentrum, dann war er hier und dann war er da. Also er versuchte, mir das alles plausibel zu machen. Bis ich dann nicht nachgab und genaues wissen wollte. Da warf er mir vor, ich würde kein Vertrauen zu ihm haben, ich würde bezweifeln, wo er wäre.»

Dann fand Andrea eines Tages zwei Eintrittskarten fürs Kino beim Ausbürsten in Wilhelms Hosentasche. Etwas später entdeckte sie einen Merkzettel zum Einkaufen in fremder Handschrift, noch später das Foto einer fremden Frau in seiner Tasche. Andrea stellte ihn zur Rede. Aber Wilhelm wich hartnäckig aus und erfand Ausreden über Ausreden.

Schließlich blieb er fast regelmäßig an den Wochenenden weg. Wieder Ausflüchte:

«Er übernachte bei Freunden, sagte er. Schließlich könne er es auch zu Hause nicht mehr aushalten, ewig meine Vorhaltungen, das stünde ihm bis zum Rand. Er wollte doch mehr oder weniger versuchen, von uns loszukommen.»

Wilhelm log bis zuletzt. Erst ein Jahr später beim Rechtsanwalt gab er zu, daß er eine Beziehung mit einer anderen Frau hatte. Persönlich hat er mit Andrea bis heute niemals darüber gesprochen.

Das Familienleben war inzwischen auf dem Nullpunkt. Nicht nur seelisch, auch finanziell. Wilhelm, der sich kaum mehr zu Hause blicken ließ, war es offenbar auch gleichgültig, ob Andrea und die Kinder wenigstens genug Geld zum Leben hatten. Er bezahlte die Miete; im übrigen überließ er der Familie DM 50,- in der Woche. Sein Nettoeinkommen betrug damals DM 1800,-. Andrea machte ihm klar, daß ihr mit den Kindern bei seinem Gehalt mehr Geld zustehe. Mehr hätte er nicht, und er hätte auch Verpflichtungen, war die wiederkehrende Antwort. Andrea packte die Wut. Sie ging zum Sozialamt und bat um Rat. Das Sozialamt forderte Wilhelm schriftlich auf, DM 800,- im Monat an die Familie zu zahlen. Wilhelm blieb nichts anderes übrig, als sich damit einverstanden zu erklären. Aber er schäumte vor Wut, daß Andrea es wagte, aufmüpfig zu werden.

«Er ging nachts oder am frühen Morgen, als er nach Hause kam, mit einemmal ins Wohnzimmer und mauschelte da irgendwas. Was er da machte, weiß ich nicht. Dann am nächsten Nachmittag wollten die Kinder Fernsehen gucken, aber der Apparat lief nicht. Ich habe ihn angerufen und gefragt, ob er irgendwas am Apparat gedreht hätte. Nein, war die Antwort, wie käme er dazu. In der nächsten Nacht kam er wieder und nahm diesen Apparat aus dem Wohnzimmer heraus und schloß ihn zu sich ein in sein Zimmer mittels Steckschloß, damit ich nicht auf die Idee kommen sollte, den Monteur zu rufen. Ich ließ später mal die Tür durch den Hausmeister öffnen. Da lagen zwei herausgedrehte Röhren neben diesem Fernseher. Ich muß also annehmen, er hat sie bewußt herausgedreht, um zu sehen, wie er mich kleinkriegen konnte. Dabei traf er damit doch letzten Endes die Kinder.»

Endlich rückte Wilhelm eines Tages – 1974 – damit heraus, er wolle sich scheiden lassen.

«Er sagte von heute auf morgen, so geht's nicht weiter. Du mit deinen ewigen Quengeleien, meinte er, ich halte es nicht mehr bei euch aus. Ich habe ihn nach den Gründen gefragt. Ja, der erste Grund, er empfinde nichts mehr für mich. Der zweite Grund, ich hätte kein Vertrauen mehr zu ihm. Ich würde bezweifeln, wo er wäre, eben durch diese Anrufe während der Überstunden. Der dritte Grund war, ich könne nicht mit Geld umgehen, schränkte aber ein, er auch nicht. Der vierte Grund war der tollste: Ich würde ihm die Hosen nicht bügeln.»

Und wie hatte er sich's nun weiter vorgestellt?

«Ich sollte arbeiten gehen. Die Kinder müßten in einen Hort, er würde mir behilflich sein, eine neue Stelle zu finden. Ich sollte dann sehen, wie ich selber zu Geld kommen würde. Für die Kinder würde er zahlen, aber nicht für mich. Er wollte uns fallen lassen wie eine faule Kartoffel.»

Wilhelm schlug eine «einverständliche Scheidung» vor – beide Parteien sollten die Schuld an der Scheidung zu gleichen Teilen übernehmen.

Andrea wollte sich zunächst nicht scheiden lassen, schon gar nicht zu diesen Bedingungen. Sie sah nicht ein, daß sie auch noch eine «Schuld» mit übernehmen sollte. Aber sie ging mit zu Wilhelms Rechtsanwalt.

«Ich hörte mir die ganze Sache an. In Gegenwart des Anwalts fragte ich dann, ob er jemand anderes hätte, weil er kein Interesse mehr an uns zeigte. Darauf sagte er ‹ja›. Der Anwalt rechnete dann auch aus, was mir und den Kindern an Unterhalt zustand. Wilhelm meinte daraufhin, da bliebe ihm ja nicht mehr das Schwarze unter dem Fingernagel, das könnte er unmöglich zahlen. Ja, meinte der Anwalt, das hätte er sich vorher überlegen müssen. Er mußte mich danach nach Hause fahren. Ich telefonierte dann sofort mit seiner Mutter, allerdings nach Überlingen – aber das war mir zu dem Zeitpunkt ganz egal –, und informierte sie von seinem Vorhaben. Sie muß ihn wohl am Nachmittag im Büro angerufen haben. Er kommt nachts nach Hause, kommt ins Schlafzimmer, und ich hatte die Kinder neben mir im Bett liegen. Er sagte, ich solle zu ihm ins Wohnzimmer kommen. Ich habe gesagt, nein, ich sehe das nicht ein, ich rede mit dir zu einem Zeitpunkt, wo es mir paßt, vor allen Dingen jetzt nicht mitten in der Nacht. Er drohte, wenn ich nicht rauskommen würde, dann könnte ich was erleben. Dann riß er die Telefonschnur aus der Wand, damit ich nicht mehr telefonieren sollte. Ich weigerte mich noch immer aufzustehen. Da hat er mir zwei Ohrfeigen verpaßt in Gegenwart der Kinder. Der Kleine kriegte es nicht mit, der Große zog sich die Decke über den Kopf vor Angst. Daraufhin bin ich aufgesprungen und zu meinen Nachbarn im Haus gelaufen und habe die informiert.»

Nach dieser Nacht zog Wilhelm endgültig aus der Wohnung aus.

Zwischen Andrea und Wilhelm begann der Krieg. Andrea nahm sich einen eigenen Rechtsanwalt. Sie war inzwischen bereit zur Scheidung. Aber sie klagte auf Scheidung aus Wilhelms alleinigem Verschulden. Gleichzeitig klagte sie auf Unterhalt. Auf Drängen des Sozialamts hatte Wilhelm einmal die DM 800,- bezahlt. Seitdem hatte Andrea keinen Pfennig mehr gesehen.
Inzwischen hatte Wilhelm die Wohnung der Familie gekündigt, da ihm angeblich die Miete zu hoch war. «Am 30. April (1974) ist hier für dich der Letzte», hatte Wilhelm zu Andrea gesagt, «sieh zu, wo du hinkommst, das ist mir gleich.»
Andrea hatte beschlossen, in ihre Heimatstadt Koblenz zu ziehen. Mit einem Berechtigungsschein vom Sozialamt fand sie dort auch bald eine Wohnung. Von Wilhelm bekam sie kein Geld, schon gar nicht für den Umzug.

Wovon lebten Sie?

«Vom Sozialamt. Anschließend, nachdem wir nach Koblenz gezogen waren, habe ich mir die erste Miete leihen müssen. Selbst das Geld für den Umzug wurde mir geliehen. Ich konnte das dann später zurückzahlen in Raten an Bekannte, Gott sei Dank, sonst wäre ich noch nicht mal hierhin gekommen.

Nachdem wir dann hier in Koblenz wohnten, wartete ich auf den monatlichen Unterhalt, der mir ja zustand. Aber er kam nicht. Ich hatte da noch 50 Pfennig in der Tasche und dachte, was machst du jetzt, entweder verhungerst du oder laß dir was einfallen. Dann bin ich den bitteren Weg auch hier zum Sozialamt marschiert. Das war das beste, was ich tun konnte, die sprangen sofort ein.»

In Düsseldorf lief – neben dem Ehescheidungsverfahren – der Prozeß um Unterhalt weiter. Das Gericht entschied, Wilhelm müsse mindestens DM 800,- an seine Familie zahlen. Wilhelm zahlte nichts. Andrea mußte versuchen, Wilhelms Lohn pfänden zu lassen.

«Aber ehe diese Lohnpfändungen durchgeführt wurden, hat mein geschiedener Mann einen Kredit von der Firma aufgenommen zwecks Beschaffung von Hausrat über DM 5000,-. Nun stand die Firma auf dem Standpunkt, dieser Kredit sei vorrangig vor den Unterhaltspfändungen und hat kein Geld an mich abgeführt. Da ging es ans Arbeitsgericht nach Frankfurt gegen die Firma. Es wurde ein Vergleich vorgeschlagen über DM 500,-. Ich war einverstanden, wenigstens waren es DM 500,-, die hätte ich dann auch genommen. Mein geschiedener Mann war jedoch nicht einverstanden. Es kam zu einem regelrechten Prozeß, den er verloren hat. In diesem Prozeß wurde der Unterhalt auf DM 800,- festgesetzt. Aber die hat er auch nie gezahlt. Wir blieben beim Sozialamt.»

Das Sozialamt trat später an Wilhelm heran und drohte ihm dabei auch, harte Maßnahmen gegen ihn zu ergreifen. Tatsächlich zahlte Wilhelm später an das Sozialamt die Kosten, die ihm von dort auferlegt wurden, zurück. An die Familie selbst zahlte er jedoch nie einen Pfennig.

1976, zwei Jahre nachdem Andrea nach Koblenz gezogen war, ging das Ehescheidungsverfahren zu Ende. Es war bis zum letzten gekämpft worden. Geliebte, Schwiegermutter und Freunde der Familie waren als Zeugen aufmarschiert und vernommen worden. Das Scheidungsurteil verteilte die Schuld an der Scheidung zu ein Drittel auf Andrea, zu zwei Drittel auf Wilhelm. Grund für die Drittelschuld von Andrea: Sie könne nicht mit Geld umgehen.

Andrea sah's nicht ein. Soweit sie überhaupt von Wilhelm Geld bekommen hatte, hatte sie dieses stets nach bestem Wissen verwaltet. Die Familie war nie verschuldet gewesen. Andrea legte also gegen das Urteil Berufung ein. Im November 1977 fällte dann das Oberlandesgericht das Ehescheidungsurteil – ohne Verschulden, wie es das inzwischen gültig gewordene neue Recht vorsah. Ein weiterer bescheidener Vorteil des neuen Rechts: Andrea erhielt im Versorgungsausgleich DM 127,– Rentenanwartschaften auf ihr Rentenkonto.

Inzwischen lebten Andrea und die Kinder schon seit drei Jahren in Koblenz, in einer Sozialwohnung, mit den paar Möbeln, die Andrea mitgenommen hatte, und von der Unterstützung des Sozialamts.

Anfang 1978 wurde Andrea wieder berufstätig, halbtags, bei einer Behörde als kaufmännische Angestellte.

In erster Linie deshalb, weil Sie mit dem Geld nicht auskamen?

«Nein, noch nicht mal. Ich wollte unter Leute kommen, mir fiel die Decke auf den Kopf. Ich mußte raus, ich mußte was anderes sehen. Ich hatte mich schon zur Zeit der Scheidung so ein bißchen in Heimarbeit versucht, Schreibmaschine und so weiter, ist mir auch irgendwie gut geglückt. Ich habe Stenokurse bei der Volkshochschule besucht, um wieder reinzukommen. Ab 1. Januar 1978 bin ich dann auch ins Büro gegangen. Machte mir also unheimlich viel Spaß. Nicht in erster Linie wegen des Geldes, ich meine, mit dem Geld vom Sozialamt kann man auch leben.»

Von Wilhelm kam nach wie vor kein Geld. Im Gegenteil: er wollte welches haben. Einige Monate später bekam Andrea plötzlich einen gerichtlichen Mahnbescheid. Wilhelm wollte von Andrea DM 19000,– haben. Die Anspruchsgrundlagen waren abenteuerlich. Andrea sollte die Hälfte eines Kredits über DM 12000,– zahlen, den Wilhelm persönlich und allein zur Finanzierung seines Autos aufgenommen hatte. Weiterhin sollte sie Miete der ehemaligen Wohnung zahlen

für eine Zeit, in der sie längst ausgezogen war. Schließlich verlangte Wilhelm DM 11000,- als Entschädigung für die paar Möbel, die Andrea als ihren Anteil am Hausrat – zu Recht – mitgenommen hatte.
Andrea legte gegen den Mahnbescheid Widerspruch ein und hat nie wieder etwas von der Sache gehört.
Mit ihrer Halbtagsbeschäftigung verdiente Andrea DM 820,- netto und kam ganz gut über die Runden. Für die Kinder bekam sie DM 442,- Unterhalt vom Sozialamt, dazu Kindergeld und Wohngeld. Unterhalt von Wilhelm wollte sie jetzt auch für sich nicht mehr haben.

«Nichts mehr, nein. Obwohl es mir ja zugestanden hätte, wurde mir gesagt. Aber ich habe von mir aus darauf verzichtet, weil ich mir gesagt habe, wenn er schon nicht für die Kinder zahlt, wird er für dich auch um die letzte Mark kämpfen, um sie nicht zahlen zu müssen. Aus diesem Grunde habe ich überhaupt keinen Versuch unternommen.»

Aber wenigstens für die Kinder sollte Wilhelm Unterhalt zahlen. Nach den damaligen Sätzen hätte Andrea für beide Kinder DM 700,- verlangen können. Ein letztes Mal versuchte Andrea zu kämpfen. Sie erhob Klage beim Amtsgericht in Düsseldorf. Wilhelm erschien im Termin und gab an, er sei arbeitslos und könne nicht zahlen. Im übrigen verweigerte er jede Auskunft über Arbeitslosengeld und frühere Arbeitgeber. Wörtlich erklärte er zu Protokoll des Gerichts:

«Ich weigere mich anzugeben, wie hoch mein Verdienst in der letzten Stelle gewesen ist. Auch den Arbeitgeber gebe ich nicht an. Über den Kündigungsgrund will ich auch nichts sagen. Ich bin Abteilungsleiter gewesen. Ich kann mir aus beruflichen Gründen nicht leisten, daß Gerichte Arbeitgeber anschreiben und Auskünfte einholen. Dies würde mein Fortkommen beeinträchtigen.»

Wilhelm wurde verurteilt, monatlich DM 700,- für beide Kinder zu zahlen. Wilhelm zahlte auch jetzt nichts. Andreas Rechtsanwalt betrieb die Zwangsvollstreckung. Leider ohne Erfolg: niemand wußte Wilhelms Andresse. Niemand bekam sie heraus.
Der letzte Brief des Rechtsanwalts lautete:
«Leider ist unsere Anfrage beim Einwohnermeldeamt in Düsseldorf negativ ausgefallen. Von dort hat man uns mitgeteilt, daß Herr E. unbekannt zur Abmeldung gelangt ist.»
Die Akte wurde weggelegt ...
Andrea hat ihr Leben in die eigenen Hände genommen. Sie macht sich keine Illusionen mehr, von Wilhelm je Hilfe erwarten zu können.

Wie war es mit den Kindern? Haben sie unter den ehelichen Spannungen sehr gelitten?

«Am Anfang ja. Der Große vor allen Dingen, der war zur Zeit der

Trennung neun. Der bekam doch allerhand mit. Aber ich muß sagen, ich bin ja in der ersten Zeit nicht arbeiten gegangen, zumindest solange die Scheidung lief, und habe mich intensiv nur um die Kinder gekümmert. Und die Kinder haben phantastisch mitgezogen und sind in keiner Hinsicht gestört oder so, daß man ihnen etwas anmerken würde oder daß ihnen etwas fehlen würde. Gar nicht. Im Gegenteil: mir wird immer wieder gesagt, was hast du für nette Kinder im Gegensatz zu manchen Vollfamilien.»

Wann hat Ihr geschiedener Mann die Kinder das letzte Mal gesehen?

«Das war am 2. April 1974, an dem Geburtstag von dem Großen. Wenn er nicht durch Zufall an dem Tag seine Klamotten abgeholt hätte, hätte er noch nicht mal gewußt, daß sein Sohn an dem Tag Geburtstag hatte. Seitdem ist er nie mehr gekommen, er hat die Kinder noch nicht einmal erwähnt.»

Und wie fühlen Sie sich heute?

«Ich muß sagen, ich fühle mich in meiner Rolle heute sehr wohl. Am Anfang war es etwas schwieriger, weil man doch das Gefühl hat, du läufst alleine rum. Aber heutzutage habe ich mich dran gewöhnt, und ich muß sagen, ich bin mit meiner Situation sehr zufrieden.»

Spielt dabei auch eine Rolle, daß Sie berufstätig sind?

«Ja, ganz bestimmt. Ich gehe sehr gern ins Büro.»

Wenn Sie zurückschauen: was hätten Sie anders gemacht?

«Erst mal in beruflicher Hinsicht würde ich sagen: Ausbildung vor allen Dingen, eine abgeschlossene Ausbildung. Das halte ich für unbedingt wichtig. Und um Gottes willen nicht so früh heiraten, zuerst ein bißchen Erfahrung sammeln und ein bißchen weiterkommen als nur Lehrling und dann heiraten.»

Else R., 47 Jahre alt, ein Sohn, geschieden

Else hat Stenografie und Schreibmaschine gelernt – mit 21 Jahren heiratete sie Herbert – 4 Monate danach wurde der Sohn Hans geboren – als sie 41 war, trennte sich Herbert von der Familie – 2 Jahre später wurde die Ehe geschieden.

Else wuchs als jüngstes Kind zusammen mit ihren zwei älteren Brüdern in Köln auf. Der Vater war Abteilungsleiter in einem Kaufhaus. Der Familie ging es gut.

Wegen der Schulausbildung der Brüder gab es zu Hause erbitterte Kämpfe. Beide sollten aufs Gymnasium, und beide weigerten sich, so heftig sie konnten. Sie kamen dann auch beide in eine Lehre und ziemlich bald in den Krieg.

Else war bei Ausbruch des Krieges gerade fünf. Sie besuchte dann die Volksschule, war eine glänzende Schülerin und wollte gern aufs Gymnasium.

> «Ich wollte unbedingt eine höhere Schulbildung haben, also ich ging sehr gern zur Schule, und mir schwebte eigentlich schon damals immer vor, ich wollte unbedingt entweder Rechtsanwältin oder Ärztin werden.»

Inzwischen war der Krieg zu Ende gegangen, Elses Vater war 1942 im Krieg gefallen, und die finanziellen Verhältnisse der Familie waren miserabel. Else durfte aufs Gymnasium gehen. Zum Glück bekam sie 68% Begabtenermäßigung auf das damals noch fällige Schulgeld. Zur Schule ging sie trotz des weiten Weges hin und zurück zu Fuß. «10 Pfennig für die Straßenbahn, das war nicht drin», sagt sie.

Inzwischen waren die Brüder aus dem Krieg zurückgekommen. Elses Schulbesuch wurde zum Familienproblem:

> «Ich hatte von Anfang an bei meinen Brüdern erbitterte Kämpfe auszufechten. So unter dem Motto, wir hatten auch keine höhere Schulbildung, was willst du damit, die Mädchen heiraten ja sowieso. Und selbst, wenn du jemals einen Abschluß machst und studierst – dafür haben wir erstens gar kein Geld, und wenn du mal wirklich einen solchen Abschluß machen solltest, du wirst nie Geld haben, um dir 'ne Praxis oder irgend etwas einrichten zu können.

Also was soll das Ganze? Es ist eh kein Geld da, und sieh zu, daß du die Familie unterstützt.»

Wie lange hast du dich denn trotz dieser Kämpfe auf der Schule gehalten?
«Ich bin dreieinhalb Jahre auf der Schule gewesen, bis ich dann praktisch nicht mehr konnte. Es wurde also sehr massiv, daran kann ich mich noch gut erinnern. Ich bin dann zuerst immer zu meiner Klassenlehrerin gegangen und habe ihr gesagt, daß ich von der Schule gehen sollte. Sie hat mich dann zu sich nach Hause bestellt und hat sich da sehr ausführlich mit mir unterhalten. Sie hat versucht, mir klarzumachen, daß es sehr schlecht wäre so ohne Schulabschluß, ich hätte ja gar nichts in den Händen später. Ich sollte doch wenigstens bleiben bis zur Mittleren Reife. Es sei so viel besser für mich, wenn ich bliebe, wo ich doch eine ihrer besten Schülerinnen sei. Sie hat sich da also sehr intensiv für mich eingesetzt. Aber es hat sich von mir zu Hause aus niemand darum gekümmert. Meine Mutter hat auch nie mal mit meiner Klassenlehrerin darüber gesprochen oder sonst irgend jemand. Ich war ganz auf mich allein gestellt. Mir war damals überhaupt nicht die Tragweite auch nur einigermaßen klar. Ich hatte permanent ein schlechtes Gewissen wegen meiner Situation zu Hause, den Brüdern gegenüber, und ich war wirklich so weit, daß es mir völlig sinnlos vorkam, in die Schule zu gehen. Ich konnte irgendwie einfach nicht mehr.»

Else ist dann mitten im Schuljahr abgegangen. Sie wollte – wenn sie schon nicht zur Schule gehen konnte – wenigstens eine Lehre machen, am liebsten bei einem Anwalt.

«Ich war bei zwei Anwälten zum Vorstellen, und da ging's dann los. Erstes Lehrjahr 15 Mark, zweites Lehrjahr 20 Mark, drittes Lehrjahr 25 Mark. Damit kam ich dann nach Hause, und da brach dann wieder alles zusammen. ‹Damit kannst du ja nicht mal deine Straßenbahnfahrten hin und zurück bezahlen, das ist völlig sinnlos, das ist genauso, als wenn du überhaupt nicht arbeiten gehst. Also das geht nicht, Lehre geht nicht, die ist nicht drin.›

Zu dieser Zeit wohnte bei uns eine Dame, die arbeitete bei den Rechtsanwälten Schmitz & Walter als Schreibkraft. Jetzt stand kurz bevor, daß ihr Mann aus der DDR zurückkam, und deswegen wurde da ihre Stelle frei. Die sagte zu mir: ‹Versuch doch schnell, dich ein bißchen um Steno und Schreibmaschine zu kümmern, ich kann dich dann sicherlich unterbringen.› Und so kam es dann auch.»

Else stürzte sich mit Feuereifer in die Arbeit. Abends nach Dienstschluß flitzte sie zweimal die Woche in einen Kursus für Stenografie und Schreibmaschine. Am Tag schrieb sie für die Anwälte so viel und so schnell sie konnte nach dem Fünf-Finger-Suchsystem. Das führte dazu, daß sie niemals lernte, blind Maschine zu schreiben. Tagsüber konnte sie nicht fachgerecht üben, da sie weiter in Windeseile mit ihren fünf Fingern tippen mußte. In kürzester Zeit war sie perfekt in Stenografie und überdurchschnittlich schnell auf der Schreibmaschine. Sie wurde bald zur Perle, von der jeder Rechtsanwalt nur träumen kann.

«Ich habe praktisch den gesamten Schriftverkehr im Büro erledigt. Das ging nachher so, daß ich bei den Sachen, die immer wieder kommen, Klagen und dergleichen, das Familienstammbuch und die Fakten angegeben bekam. Die Klagen habe ich dann selbständig geschrieben. Das ganze Mahnverfahren, obwohl ich das ja auch nie gelernt hatte, habe ich selbständig gemacht, Zahlungsbefehl mit Vollstreckungsbefehl, mit Offenbarungseiden, mit Pfändungs- und Überweisungsbeschluß und allem, was dazu gehört. Wir haben nachher dann auch ein Lehrmädchen bekommen, dann kam noch ein zweiter Lehrling dazu, und die habe ich praktisch unterrichtet. Ja, ich habe dann das ganze Büro mehr oder weniger selbständig geleitet, die ganze Kostenabrechnung, die ganze Kostenaufstellung, die habe ich alle selber gemacht an Hand des Kostenblattes. Es ist damals sogar so weit gegangen, daß verschiedene Anwälte so angetan von mir waren, daß sie versucht haben, mich von da wegzuholen in ihre Praxis.»

Else war also Bürovorsteherin und Buchhalterin in einer Person.

Kannst du dich noch erinnern, wieviel du damals da verdient hast, und dann würde mich auch interessieren, was mit dem Geld geschehen ist?

«Ja, wenn ich mich recht erinnere, es waren 176 Mark. Und das Geld habe ich natürlich komplett zu Hause abgegeben. Taschengeld gab's nicht bei uns. Ich habe so nach Anforderung für ganz wichtige Anschaffungen mal ein paar Mark bekommen.»

Hast du dir damals vielleicht Gedanken darüber gemacht, ob du aus deinem Können noch etwas machen könntest, also, ob da vielleicht eine Fortbildung möglich wäre oder vielleicht noch nachträglich eine Lehre?

«Nein, nicht daß ich wüßte. Erstens mal war ich damals so eingespannt. Es war ja irrsinnig viel zu tun, und dadurch, daß ich nichts gelernt hatte, mußte ich mich ja in die Materie einarbeiten. Ich war ehrgeizig, und ich bin nie aus dem Büro gegangen, ehe der Schreibtisch sauber war und ehe alles gemacht war. Es wurde häufig abends deshalb halb acht, acht Uhr, bis ich fertig wurde und nach Hause gegangen bin. Außerdem habe ich noch viel im Haushalt meiner Mutter gemacht. Meistens habe ich zum Beispiel in der Mittagszeit auf dem Nachhauseweg eingekauft.»

Du warst inzwischen 19. Wie waren deine Zukunftspläne in bezug auf Männer und Heirat?

«Nun ja, das war eigentlich ein bißchen vage. Ich und meine Freundinnen haben eigentlich verhältnismäßig wenig darüber gesprochen, das war jedenfalls nicht so oberstes Ziel in dem Moment. Ich weiß eigentlich nur, daß ich in der Zeit völlig in dem, was ich getan habe, im Büro, regelrecht aufgegangen bin. Also das war so praktisch mein Zuhause, wenn du so willst. Ich bin wirklich sehr gerne arbeiten gegangen, und die Arbeit hat mir auch Spaß gemacht und hat mich auch sehr ausgefüllt. Ich habe mir natürlich nie Gedanken darüber gemacht – weil du damit ja auch niemals konfrontiert wurdest –, daß ich da irgendwie niemals weiterkommen konnte und daß das ja gar keine Grundlage war und daß du da auch niemals was draus machen konntest. Im Moment kam ich mir also so vor, daß ich etwas ungeheuer Wichtiges und Wertvolles tue, und ich bin wer, ich kann was, ich wurde auch sehr anerkannt. Meine Chefs schätzten mich sehr, und ich wurde auch mit jeder Arbeit, ganz egal, was da anfiel, phantastisch fertig und hatte von daher auch eine sehr große Selbstbestätigung. Das war sehr gut, und ich habe mich auch phantastisch wohl gefühlt.»

Mit 19 lernte Else dann Herbert kennen. Herbert ging es damals miserabel, gesundheitlich, seelisch, finanziell. Er war gerade geschieden und hatte einen fünfjährigen Sohn Michael. Herbert hatte keine Berufsausbildung. Eine Lehre hatte er abgebrochen, weil er «heiraten mußte», da Michael unterwegs war. Jetzt war er Kraftfahrer bei seinem Vater. Zwischen Else und Herbert war Liebe auf den ersten Blick. Sie wollten für immer zusammenbleiben.

«Sehr bald, nachdem wir uns kennengelernt hatten, kam ich in Umstände. Leider bin ich eine von den Frauen, Unterhose nebens Bett, und dann in Umstände. Mein späterer Mann wollte aber eigentlich keine Kinder mehr haben.»

Wie war's denn mit dir?

«Ja, ich wollte schon Kinder haben. Er war aber wohl sehr belastet. Er war ja auch gerade von seiner ersten Frau geschieden, und es stand ihm auch noch ein Vaterschaftsprozeß bevor über Zwillinge, die nicht von ihm waren. Und daher vielleicht auch seine Aggression gegen weitere Kinder. Jedenfalls: ich war in anderen Umständen, und das Kind sollte weggemacht werden, was dann auch passierte unter den üblichen schauderhaften Umständen. Zu der damaligen Zeit standest du ja noch mit eineinhalb Beinen im Gefängnis, es sei denn, du hattest sehr viel Geld, was natürlich nicht der Fall war. Dann sind wir zuerst bei einer Engelmacherin hier in Bonn gelandet, die dann mit den üblichen Tricks – Seifenlauge und Stricknadel auf dem Küchentisch – versuchte, eine Fehlgeburt einzuleiten, was nicht geklappt hat. Und dann habe ich mir ein Herz gefaßt und habe mit unserem damaligen Hausarzt darüber gesprochen. Der hat sich denn dazu bereit erklärt, mir die Fehlgeburt einzuleiten. Er sagte aber gleich, er würde dann hinterher nichts mehr damit zu tun haben. Er hat mir dann wohl, ohne jede Betäubung, den Gebärmuttermund geöffnet und treibende Mittel gegeben. Aber dann mußte ich nach Hause gehen, dann durfte ich mich nicht mehr bei ihm sehen lassen, bis alles vorbei und ausgestanden war. Meine Mutter, die war nicht da, und mein zukünftiger Mann war auf einem Lehrgang mit seinem Vater. Ich habe dann die ganze Chose mutterseelenallein ausgebadet. Wie die Wehen dann losgingen, ich weiß noch, bin ich dann etliche Male zusammengeklappt auf dem Weg zur Toilette und habe auch irrsinnig viel Blut verloren.

Kurz darauf passierte es denn ein zweites Mal – ich kam also wieder in Umstände. Mein Arzt wollte mir nicht mehr helfen, weil er das als zu gesundheitsschädlich ansah. Ich habe damals noch knapp 90 Pfund gewogen. Dann haben wir also gesucht, bis wir jemand fanden, weil mein Mann immer noch nicht bereit war, ein weiteres Kind zu akzeptieren.»

Um Verhütung kümmerte sich Herbert nicht. Er fand, das war Elses Sache. Als Else dann wieder schwanger wurde, war Herbert endlich bereit, das Kind zu akzeptieren. Sie heirateten, und vier Monate nach der Hochzeit wurde Hans geboren.

Hättest du gern mehr Kinder gehabt und die beiden vorangegangenen Kinder lieber auch bekommen?

«Ich hätte eigentlich lieber 'ne große Familie gehabt, also lieber mehrere Kinder, weil ich ein einzelnes Kind immer ganz schlecht fand und von zu Hause aus auch immer 'ne große Familie gewöhnt war. Ja, ich hab mich da wirklich ausschließlich den Wünschen meines Mannes gebeugt. Später war ich allerdings froh, daß wir nur dieses eine Kind hatten, weil er sich nie, auch nicht in geringster Weise, um irgendeins der Kinder gekümmert hat, weder um seinen Sohn, den er mit in die Ehe gebracht hat – und der eine Zeitlang bei uns lebte –, noch um unseren gemeinsamen Sohn Hans.»

Vier Jahre nach der Hochzeit fanden die R. s endlich eine eigene Wohnung. Bis dahin hatten sie wegen der damaligen Wohnungsnot noch bei Elses Mutter gewohnt. Herberts berufliche Situation war katastrophal. Er arbeitete mal in der Rezeption eines Hotels, mal in der Telefonzentrale. Nirgends blieb er lange. In den ersten acht Ehejahren hatte er ungefähr 15 verschiedene Stellen. Nirgends verdiente er so viel, daß die Familie davon hätte leben können. Else mußte weiter arbeiten. Solange ihre Mutter den kleinen Sohn versorgen konnte, war sie voll berufstätig. In der Mittagspause raste sie vom Büro nach Hause und stillte den Säugling. Auch später in der eigenen Wohnung blieb sie zunächst voll berufstätig, weil Herbert mit seinen Jobs nicht genug verdiente. Else war voll Hausfrau und voll berufstätig.

«Morgens um sechs klingelte der Wecker, dann schoß ich als erste ins Bad, dann habe ich Frühstück gemacht, und um sieben, Viertel nach sieben, ging er aus der Tür. Dann habe ich mich um die Kinder gekümmert. Michael ging dann in die Schule, und ich brachte Hans in den Kindergarten. Dann bin ich wieder nach Hause gerannt – es war dann acht –, dann habe ich von acht bis halb neun oder bis Viertel vor neun noch blitzschnell das gemacht, was ich nicht zwischendurch erledigt hatte, also im Kinderzimmer schnell die Betten, bei uns schnell die Betten, die Wohnung ein bißchen aufgeräumt, und bin dann losgerast zur Arbeit. Um halb eins hatte ich Mittag, bin dann nach Hause gesaust und habe von eins bis Viertel nach zwei blitzschnell geputzt. Das hatte ich mir genau eingeteilt während der ganzen Woche, immer entweder jetzt heute dieses Zimmer schnell geputzt oder schnell runtergerast und irgendeinen Teppich geklopft, und morgen das Zimmer schnell geputzt. Gekocht haben wir grundsätzlich abends, die Kinder bekamen mittags denn immer 'ne Kleinigkeit. Das heißt, *ich* habe gekocht. Die Kinder haben sich denn nachmittags in der ersten Zeit noch selber versorgt. Bis sechs Uhr war Dienst, ich habe denn auf dem Heimweg die Einkäufe erledigt, war denn so zwischen sieben, Viertel vor sieben, zu Hause und bin dann gleich in die Küche und habe dann Abendbrot gemacht. So irgendwann zwischen halb acht und acht haben wir dann gegessen. Dann waren wir so um halb neun fertig mit Essen, dann kamen die Kinder ins Bett, dann bin ich wieder in die Küche und habe die übliche Hausarbeit gemacht, Spülen und Aufräumen und dergleichen. Zwischen halb zehn und zehn so irgendwann war ich dann fertig.»

Bist du nicht manchmal auf die Idee gekommen, deinen Mann zu bitten, daß er einen Teil der Hausarbeit übernimmt? Ihr wart ja nun beide berufstätig, und es wäre doch gerecht gewesen, wenn er zur Hälfte die Hausarbeit mitgemacht hätte?

«Ja, hm, eigentlich schon, nur war es so, er kam auch in den seltensten Fällen vor sechs, halb sieben irgendwann nach Haus. Ich habe dann später sehr viel rumgemotzt und sehr viel geschimpft, das hat dann zumindest dazu geführt, daß er dann sonntags bei uns im Schlafzimmer die Betten zugeschmissen hat.»

Wie war denn, abgesehen von der ungleichen Arbeitsverteilung, euer Verhältnis zueinander? Gab es Spannungen?

«Ja, es gab Spannungen, gleich im ersten Jahr, als wir verheiratet waren. Da kam er vermehrt abends sehr spät nach Hause, was mir auffiel, weil ich wußte, um welche Zeit er normalerweise kam und weil er an sich auch immer pünktlich war. Nach einigem Hin und Her stellte sich dann heraus, daß er eine junge Französin kennengelernt hatte. Das ging so weit, daß er in Erwägung zog, mit ihr nach Kanada auszuwandern. Ich habe dann versucht, die Sache auseinanderzubringen. Das zog sich über einige Wochen und Monate so hin. Es war sehr böse, ich war damals beim Arzt und bekam dann auch Herztabletten bis zum Gehtnichtmehr, weil ich ziemlich am Ende war. Aber es ging trotzdem so weiter, bis er plötzlich krank wurde. Da stellte sich heraus, daß er sich bei der Französin mit Syphilis angesteckt hatte. Das war für ihn wohl ein ziemlicher Schock und hat ihn bewogen, mit der Französin Schluß zu machen und wieder zu mir zurückzukommen. Für mich brach mehr oder minder eine Welt zusammen. Ich wußte von meinen Eltern und von meinen Großeltern her, Ehe – das war so etwas absolut Einmaliges, ja, man heiratete, und war dann zusammen, bis einer von beiden starb. Das war für mich absolut klar, man heiratete, und das war dann der Partner fürs Leben, einen anderen Partner gab's nicht.»

Else und Herbert versöhnten sich wieder. Die Ehe lief, wie Else sagte, so im großen und ganzen harmonisch. Um finanzielle Dinge gab es keinen Streit. Das Geld wurde in einen Topf geworfen und weitgehend von Else verwaltet. Bald brauchte Else auch «nur» noch halbtags zu arbeiten. Eine Krise gab es noch einmal nach zehn Jahren. «So der bewußte Hauch von Parfum, den man nicht kennt», erinnert sich Else. Herbert hatte sich in die Sekretärin seines Arbeitgebers verliebt. Aber auch das ging vorüber, und Else und Herbert fanden wieder zueinander.

1973 – nach neunzehn Ehejahren – bekam Herbert endlich seinen Traumjob. Er sollte für seine Firma, die unter anderem verschiedene größere Bauvorhaben in Spanien hatte, nach Spanien gehen, da er gut Spanisch sprach und für den Posten geeignet erschien. Herbert war Feuer und Flamme und fuhr ziemlich bald los. Sobald er eine Wohnung gefunden hatte, sollte Else nachkommen.

«Schon knapp fünf Wochen später kam er nach Hause – die Firma war sehr großzügig mit Heimflügen. Da war noch alles zwischen uns in Ordnung, was ich sehr schnell merkte. Wir hatten einen sehr engen und regen, auch sexuellen Kontakt, und er erzählte mir alles, was sich da unten abspielte und war sehr glücklich. Es war zwar sehr viel zu tun, aber er fühlte sich da wohl. Nur die Wohnungsfrage war sehr schwer, die hatte er noch nicht lösen können.»

Zum erstenmal in ihrer Ehe sahen die finanziellen Verhältnisse rosig aus. Herbert hatte in den ersten fünf Wochen schon fast 1000 DM gespart. Else wollte zu Hause bescheiden weiterleben und dabei ebenfalls kräftig sparen. Bausparverträge wurden abgeschlossen.

«Der zweite Heimflug war Weihnachten. Da merkte ich sofort, daß irgend etwas nicht stimmte. Er lehnte jeden sexuellen Kontakt ab und war auch ansonsten völlig verändert. Er erzählte so gut wie gar nichts, er entzog sich mir also völlig, und es war auch überhaupt nicht an ihn ranzukommen, was sowieso schon immer sehr schwer war.»

Beim nächsten Besuch im März 1974 dieselbe Situation. Herbert verhielt sich völlig anders als sonst, rückte aber nicht mit der Sprache heraus. Keine Rede mehr davon, daß Else bald nachkommen sollte. Else war verzweifelt, denn sie wußte nicht, woran sie war. Die Buchhalterin der Firma, mit der Else einen guten Kontakt hatte, machte vage Andeutungen, daß da eine Frau im Spiel sei. Else trug sich mit dem Gedanken, die Ehe zu beenden. Freunde rieten ihr, auch dieses Mal durchzuhalten. Aber mit Herbert war nicht zu reden. Er entzog sich und lehnte jedes Gespräch ab.

Nach einem weiteren qualvollen Jahr konnte Else nicht mehr. Sie wollte jetzt endlich von Herbert wissen, wie es weitergehen sollte, so oder so.

«Da sagte er mir sinngemäß, daß er mich nicht mehr liebt, daß es vorbei ist und daß es ihm selber leid täte, aber es sei nun halt mal so, und ich brauchte auch nicht mehr damit zu rechnen, daß er jemals zu mir zurückkommen würde.»

Herbert, damals 49 Jahre alt, hatte sich seit längerer Zeit in eine 24jährige Spanierin verliebt.

«Aber trotz allem habe ich mir gedacht, na gut, wer weiß, wie lange das in Spanien noch so weitergeht. Ich wußte durch Bekannte, daß die Arbeit so langsam dort abnahm und es wahrscheinlich war, daß er über kurz oder lang wieder nach Deutschland zurückbeordert werden würde. Und ich dachte bei mir, nun ja, in den Jahren ist es ‹fast normal›, wenn ein Mann sich mal irgendeine jüngere Geliebte nimmt. Ich dachte mir, wenn er wieder nach hier zurückkommt und ich kann ihn wieder in unser normales Familienleben, Freundeskreis, Kinder und dergleichen integrieren, dann wird das sehr schnell aufhören, und dann können wir möglicherweise unsere

Ehe wieder fortsetzen. Ich hielt also immer noch an der Ehe fest und konnte mir nicht vorstellen, daß nach zwanzig Jahren, die wir ja mittlerweile verheiratet waren, alles aufhören sollte.»

Im nächsten Frühjahr (1976) kam Herbert zurück, da die Firma in Spanien keine Arbeit mehr für ihn hatte. Herbert zog wieder in die eheliche Wohnung, Else kochte für ihn, sie aßen zusammen, und sie gingen zusammen zu den alten Freunden. Else war voller Hoffnung, Herbert werde die spanische Freundin vergessen.

«Aber jede Woche klingelte mindestens jeden zweiten oder dritten Tag das Telefon irgendwann abends, und dann kam ein Telefonanruf aus Spanien, und die Freundin war am Telefon. Dann wurde so zwischen 'ner halben Stunde bis zu 'ner ganzen Stunde telefoniert. Das machte uns dann immer den ganzen Abend kaputt. Ich bin dann blitzschnell aus dem Zimmer herausgegangen, aber er brüllte oft so laut, daß ich selbst im Nebenzimmer noch Gesprächsfetzen mitbekam. Soviel Spanisch konnte ich inzwischen auch, daß du's denn doch verstehst. Die Freundin hatte Angst davor, daß er nicht mehr zurückkommen würde, sondern hier bliebe, und es ging dann jedes Mal darum, daß er ihr wieder versicherte, wie sehr er sie liebt, und daß er ganz bestimmt zurückkommt und daß er sie ganz bestimmt heiratet. Das hat sich praktisch immer wiederholt, in jedem Gespräch, und das hat sich so über zwei bis drei Monate hingezogen. Mittlerweile war ich mit meinen Nerven völlig am Ende. Die Stimmung zwischen uns war katastrophal, es fiel zwar kein böses Wort, aber es herrschte 'ne permanente Spannung, so als wenn du von 'ner Handgranate die Zündschnur abgezogen hast und jeden Moment kommt die Detonation.»

Else konnte nicht mehr. Sie machte einen Termin beim Anwalt fest. Dort sollten wenigstens erst einmal die finanziellen Familienverhältnisse geregelt werden.

«Ich hatte inzwischen lange nachgedacht und mir gesagt, daß es überhaupt keinen Sinn mehr hat und daß wir uns genausogut gleich scheiden lassen könnten. Die Sache zog sich jetzt über zweieinhalb Jahre hin, ich merkte, daß er nicht von der Spanierin lassen würde, und ich wollte einfach nicht mehr, und ich konnte auch nicht mehr. Zu dem Zeitpunkt bestand ich nur noch aus Schlaftabletten und Herztabletten und weiß der Teufel nicht alles.

Auf dem Weg zum Anwalt im Auto habe ich ihm dann gesagt, daß ich mich scheiden lasse, um die Sache irgendwie zu Ende zu bringen, da es ja wohl keinen Zweck mehr hätte.»

Herbert war sofort einverstanden. Beim Rechtsanwalt wurde dann gleich ein Scheidungsvergleich vereinbart. Herbert war großzügig.

Else behielt die Wohnungseinrichtung. Die Aktien und Bausparverträge, die inzwischen angespart worden waren, wurden geteilt. Für Elses Unterhalt – und natürlich den des Sohnes – sollte ausreichend gesorgt werden. Inzwischen stand fest, daß Herbert wieder nach Spanien beordert werden würde. Das Gehalt da unten war reichlich, daneben lief das Gehalt zu Hause weiter. Davon sollte Else zwei Fünftel bekommen.

Die Ehescheidungsvereinbarung lautete in ihrem wesentlichen Punkt wie folgt:

«Die Parteien sind sich darüber einig, daß Herr R. in angemessener Weise für den Unterhalt für Frau R. sorgen wird, selbst wenn er nach vollzogener Scheidung sich wiederverheiraten sollte. Die Parteien sind sich ferner darüber einig, daß, wenn Herr R. in Spanien festen Fuß gefaßt hat, von seinem Nettoeinkommen zwei Fünftel als Unterhalt abführen wird, mindestens jedoch den Betrag, der der Witwenpension der Frau eines verstorbenen Amtsgerichtsrats entspricht. Zur Zeit sind dies DM 1805,- pro Monat.»

Sogar die Altersversorgung wurde geregelt. Else hatte inzwischen eine Lebensversicherung abgeschlossen, da ihr Rentenanspruch aus der gesetzlichen Rentenversicherung minimal war. Die monatliche Rate für die Lebensversicherung betrug DM 357,-. Solange Else zwei Fünftel von Herberts Nettoeinkommen bekam, sollte sie diese Rate selbst bezahlen. Falls Herbert einmal keinen Unterhalt zahlen konnte oder weniger als zwei Fünftel, sollte er wenigstens die Rate der Lebensversicherung übernehmen.

Einen Monat später, im September 1976, wurde die Ehe geschieden.

Die Unterhaltszahlungen liefen problemlos. Sohn Hans, der inzwischen in einer Großstadt studierte, bekam DM 500,-. Else erhielt DM 850.- Unterhalt, davon zahlte sie die DM 357,- für ihre Lebensversicherung. Mit diesem Unterhalt konnte Else einigermaßen leben. Sie selbst war halbtags als Sekretärin an der Schreibmaschine tätig. Eine Ganztagstätigkeit kam wegen ihrer angeknacksten Gesundheit nicht in Frage. Else war inzwischen wegen eines schweren Bandscheibenschadens zweimal an der Wirbelsäule operiert worden. Sie hatte ständig Rückenschmerzen, dazu kam Arthrose in beiden Hüften. Aber mit ihrer Halbtagstätigkeit verdiente sie immerhin DM 860,-, das reichte zusammen mit Herberts Unterhalt.

Wie hast du dich denn nach der Scheidung gefühlt?

«Als er dann endgültig ausgezogen war, kam zuerst über mich eine ungeheure Erleichterung, und ich habe mich da sagenhaft wohl und gut gefühlt. Ich war das erste Mal in meinem Leben frei innerhalb meiner vier Wände, konnte tun und lassen, was ich wollte, konnte kommen und gehen, wann ich wollte, konnte mir mein Leben so einrichten, als wenn ich permanent Urlaub hätte. Das ging über mehrere Monate, in denen ich mich geradezu phantastisch fühlte. Andererseits war's dann aber wieder so, daß ein gewisses Unausgefülltsein sich bemerkbar machte, ein Unlustgefühl, und daß ich mir selbst irgendwie überflüssig vorkam und nicht recht wußte, wohin mit mir. Mir kam auf einmal sehr stark zum Bewußtsein, wie wahnsinnig schwer es ist, allein zu leben und damit fertig zu werden. Ich hatte zwar einen großen Bekanntenkreis. Aber es ist einfach so, wenn man auch tagsüber mit irgendwelchen Leuten zusammen ist – es kann noch so schön und noch so gemütlich sein –, das hilft einem nicht darüber hinweg, abends alleine einschlafen und sich morgens allein an den Frühstückstisch setzen zu müssen. Denn in dem Moment, wo man wirklich jemanden braucht und mit jemanden über irgend etwas sprechen will, dann ist niemand da.»

Herbert hatte bald nach der Scheidung seine spanische Freundin geheiratet. Ein Jahr später kam ein Baby zur Welt. Kurze Zeit danach verlor Herbert endgültig den Job bei seiner Firma. Anfang 1979 kam er mit Frau und Säugling nach Deutschland. Herbert war arbeitslos. Er bekam Arbeitslosenunterstützung und eine kleine Rente, zusammen DM 1777,-.

Else sollte freiwillig auf Unterhalt verzichten, selbst auf den Betrag von DM 357,- für die Lebensversicherung. Als sie dies nicht tat, erhob Herbert beim zuständigen Familiengericht Klage auf Feststellung, daß er bis auf weiteres nicht mehr zum Unterhalt verpflichtet sei.

Else, vertreten durch einen Rechtsanwalt, versuchte sich zu wehren. Sie verwies

- auf ihre kaputte Gesundheit und die Unmöglichkeit, mehr als halbtags zu arbeiten,
- auf die Tatsache, daß Herbert doch sicher (wenn er wollte) Arbeit finden könne,
- auf die Verpflichtung der jetzigen Ehefrau, erwerbstätig zu sein, da der arbeitslose Herbert das Baby versorgen konnte,
- auf Herberts Pflicht aus dem Vergleich, ihr jedenfalls die DM 357,- Lebensversicherungsprämie zu zahlen.

Herbert hatte mit seiner Klage zum überwiegenden Teil Erfolg. Der Richter fand, Herbert dürfe seinen eigenen angemessenen Lebensunterhalt und den von Frau und Baby nicht gefährden. Allerdings sei er nach dem Scheidungsvergleich in besonders hohem Maße verpflichtet, für Elses Unterhalt zu sorgen. Deshalb sei ihm zumutbar, wenigstens jetzt noch DM 250,- Unterhalt an Else zu zahlen.

Herbert hat gegen das Urteil beim zuständigen Oberlandesgericht Berufung eingelegt.
Das Berufungsverfahren endete mit einem Vergleich. Herbert, der inzwischen wieder eine Anstellung gefunden hatte, verpflichtete sich, an Else monatlich DM 110,- Unterhalt zu zahlen ...
Inzwischen wurde Else von ihrer Firma gekündigt. Bei ihrer Krankheit – wegen der sie manchmal, wenn auch höchst selten, ausfiel – sei dem Arbeitgeber auf Dauer die Fortsetzung des Arbeitsverhältnisses nicht zumutbar ...

«Die beruflichen Perspektiven, die sind also so regelrecht beschissen, anders kann man das gar nicht ausdrücken. Ich habe mir in den letzten zwei Jahren eigentlich schon mehrfach Gedanken darüber gemacht, daß mir zum einen die Schreibmaschine zum Hals heraushängt, daß das 'ne Tätigkeit ist, die mich in keinster Weise ausfüllt. Ich möchte wahnsinnig gern irgend etwas anderes machen, habe mich da auch schon mit verschiedenen Dingen befaßt. Aber ich habe ja keine vernünftige Schulausbildung und keine Grundlage, auf die ich zurückgreifen kann. Was ich zum Beispiel machen könnte, wäre eine Ausbildung als Heilpraktikerin, das ginge. Das wäre auch etwas für mich, weil man da sehr viel mit Menschen zusammen ist, etwas, was mir mit Sicherheit großen Spaß machen würde. Das große Problem ist nur, daß ich wegen meines Rückens kaum in der Lage bin, auch nur einen halben Tag hintereinander auf dem Stuhl zu sitzen und zu arbeiten. Daher weiß ich beim besten Willen nicht, wie ich irgendwann eine Ausbildung machen soll. Heute sieht es so aus, daß mir zwei Stunden Sitzen schon sehr große Probleme schafft, und zweimal am Tag drei Stunden auf sein ist das Äußerste der Gefühle, dann muß ich mich wegen der Rückenschmerzen wieder legen. In diesen Intervallen lebe ich also, stehen, laufen, liegen, und von daher gesehen ist es also ein teuflischer Kreis, in dem ich mich befinde, und ich weiß nicht, wie ich da rauskommen soll.»

4. Recht auf Unterhalt

Der Beruf der Familienhausfrau ist gefährlicher als der eines Seiltänzers. Die Chance ist 1 : 3, daß es schiefgeht. Außerdem arbeitet ein Seiltänzer gewöhnlich mit Netz. Die Hausfrau arbeitet gewöhnlich ohne Netz.
Ein Netz hätte sie nur dann, wenn ihre wirtschaftliche Existenz auch dann garantiert wäre, wenn die Ehe zerbricht. Garantiert durch ausreichende Unterhaltszahlungen des Ehemannes. Das ist nicht der Fall.
Das schlimmste Problem beim Ende der Hausfrauenehe ist der Unterhalt. In den meisten Fällen ist er kein Problem, sondern – eine Katastrophe.

I.
Wer in den letzten Jahren aufmerksam die Presse gelesen hat, ist spätestens an dieser Stelle empört. Dort wird nämlich das Gegenteil behauptet. Der bundesdeutsche (männliche) Blätterwald hallt wider von den Klagen über den armen geschiedenen Ehemann, dem kaum das letzte Hemd verbleibt. Der Gute fristet notdürftig sein Leben, weil er unfaßbare Summen Unterhalt an seine Ex-Ehefrau zahlen muß. Diese liegt derweil im Liegestuhl und macht sich auf seine Kosten ein schönes Leben.
Solche Märchen finden sich nicht nur in den beliebten Boulevard-Zeitungen. *Spiegel* und *Bayernkurier* stehen hier auf derselben Ebene.
Beliebter Sündenbock ist dabei das am 1. 7. 1977 in Kraft getretene neue Eherecht. In Wirklichkeit hat dies an der Höhe des Unterhalts nicht das geringste verbessert, sondern im Prinzip alles beim alten gelassen. Die Unterhaltssituation für Frauen hat sich eher leicht verschlechtert – soweit die miserable Situation überhaupt noch zu verschlechtern war. Nach dem neuen Recht hat nämlich der Familienrichter sehr genau zu prüfen, ob der geschiedenen Ehefrau eine Erwerbstätigkeit zumutbar ist oder nicht – und er wird diese Frage wesentlich häufiger bejahen als früher.
Die Eherechtsreform hat zwar tatsächlich den Hausfrauen eine bemerkenswerte Verbesserung gebracht: das ist der Versorgungsausgleich, das heißt die Teilung der Altersversorgung, von der später noch zu reden ist. Mit der Frage des Unterhalts hat aber der Versorgungsausgleich nicht das geringste zu tun! Die winzige Verbesserung bei der

Altersversorgung von Frauen war jedoch offenbar Anlaß genug, in ein großes Jammerlied über die allgemeine beklagenswerte Situation bundesrepublikanischer Ex-Ehemänner auszubrechen. Sie sind die Geschröpften, die «an den Rand des finanziellen Ruins getrieben werden»[1]. «Es wird fast jeder, der klagt, Unterhalt beziehen», so schreibt Rudolf Augstein in einem horrenden *Spiegel*-Erguß über das neue Eherecht.[2] Gemeint ist «jede Frau, die klagt». Und: «man (gemeint ist «frau») fühlt sich für nichts mehr verantwortlich, man wird ja bezahlt, und dann kann man sich getrost neuen Ufern zuwenden.» Herr Augstein weiß auch gleich eine schlaue Erklärung für dieses männerverzehrende Unterhaltsrecht: «Es gibt 16% mehr weibliche Wähler, die ihr Wahlrecht ausüben, als Männer.» Frau hält es kaum für möglich, so viel Unsinn auf einmal!

Derartiges wird nur übertroffen durch den ISUV-Report, der Zeitung der «Interessen- und Schutzgemeinschaft unterhaltspflichtiger Väter und Mütter e. V.». Die «Mütter» machen sich übrigens gut im Titel des Vereins, tatsächlich handelt es sich bekanntlich um einen Männerbund.[3] So heißt es in einem dort abgedruckten Vortrag des Rechtsanwalts Dr. Zuck auf der Jahreshauptversammlung des ISUV am 3. 11. 1979 zum neuen Eherecht:

> «Ich frage mich, worin eigentlich das Zukunftsweisende eines Gesetzes liegt, das sich bemüht, das Lebensrisiko der Frau in unserer Gesellschaft mit staatlicher Hilfe zu verringern. Ist das Streben der auf die Zukunft ausgerichteten Frauenbewegung nicht Selbständigkeit der Frau, Unabhängigkeit vom Mann, Gleichberechtigung in der Gesellschaft? Verdienen dann eigentlich der Verzicht auf eigene Ausbildung, der Mißbrauch der Ehe als Lebensersatz und die Einbettung in ein System fremder staatlicher Hilfen Beifall?
>
> Ich frage mich weiter: Natürlich gibt es den graumelierten, sportgestählten Anfangssechziger, der seine Frau, die außer Ehefrau nichts gelernt hat und ohne eigenes Vermögen und Einkommen dasteht, zugunsten einer Jüngeren sitzenläßt. Das mag als Beispiel für eine ganze Reihe von Fällen dienen, in denen Frauen auf Grund einer Entscheidung für die Ehe und Familie in eine Lage kommen, die sie hilfs- und schutzbedürftig machen, sicher eher und häufiger als den Mann in einer ähnlichen Situation. Nur: müssen dann ausgerechnet die Ehe und Familie als Mittel der Sozialpolitik eingesetzt werden? Hat die Frau nicht diese Lebensentscheidung genauso selbstverantwortlich getroffen wie der Mann? Worin liegt dann der rechtfertigende Grund ihm, dem Mann, auf Lebenszeit die alleinige Verantwortung zu übertragen?»[4]

Ja, worin liegt er bloß, der rechtfertigende Grund??

Noch einen Blick auf eine Karikatur in *Capital*[5]: Zwei Frauen beim Kaffee, die eine schlicht gekleidet, die andere aufgedonnert mit Pelzmantel und teurem Schmuck, sagt zur ersten: «Du mußt dich scheiden lassen, dann kannst du dir das auch leisten.»
In einer solchen Presselandschaft werden selbst geneigte Leserinnen (und Leser) glauben, an diesen tausend Falschmeldungen müsse doch sicher wenigstens etwas Wahres daran sein. Nein, nichts hat mit der Realität zu tun!
Natürlich gibt es die Ehefrau des reichen Fabrikanten, die vor und nach der Scheidung auf Kosten ihres Mannes als kuchenfressendes Pelztier in Erscheinung tritt. Aber ich frage, *wie viele* dieser Frauen gibt es denn wirklich? 1 % bis 2 % sind vielleicht schon hoch gegriffen. Vielleicht kennen die lamentierenden Journalisten besonders viele davon. Ich kenne keine einzige. Und das liegt nicht an mir, sondern daran, daß von diesen Fabelwesen nur Ausnahmeexemplare existieren. Also ein Zahlenfaktor, der bei einer seriösen Darstellung des Unterhaltsproblems nicht in Erscheinung tritt. Aber ein Spielball für Journalisten und Stammtischredner, anderen damit etwas vorzugaukeln. In Wahrheit machen hier offenbar Patriarchen ihrem Unmut darüber Luft, daß Frauen überhaupt auf die Idee kommen, Ansprüche zu stellen ...

II.

Die betroffenen Frauen schweigen.
Frauen wie Andrea und Else, wie Sonja, Johanna oder Gesine. Fünf Frauen aus einem Heer von Tausenden, die den paar Mark Unterhalt hinterherlaufen müssen, sehr oft vergeblich, die ohne Unterhalt dasitzen oder mit einem lächerlichen Betrag, von dem sie bestenfalls gerade die Miete bezahlen können. Die nicht zu den raren Ausnahmefällen gehören, in denen der Unterhalt zum Leben reicht.
Dies ist bundesdeutsche Wirklichkeit!
Trostlose Wirklichkeit, die jeder Rechtsanwalt und jeder Familienrichter kennt, weil er tagtäglich damit zu tun hat.
Wissenschaftliche Untersuchungen bestätigen die Erfahrungen der Praxis. Mehr noch: Das Bild, das solche Berichte von der wirtschaftlichen Lage geschiedener Frauen zeichnen, ist noch düsterer, als selbst hartgesottene Praktiker es vermuten.
Mir liegen zwei Untersuchungen vor. Es sind – soweit bekannt – die einzigen beachtlichen Arbeiten zu diesem Thema aus den letzten Jahren. Wenig oder gar nicht in der Öffentlichkeit bekannt ruhen sie

wohlbehütet in den Schubladen von Beamten und einiger weniger Experten. Wohlbehütet, weil ihr Inhalt Dynamit enthält?
‹Die wirtschaftliche Situation «unvollständiger» Familien in der Bundesrepublik Deutschland› ist der Titel der einen Arbeit, ein fast 300 Seiten starker Bericht der sozialwissenschaftlichen Forschungsgruppe des Max-Planck-Instituts für Ausländisches und Internationales Privatrecht Hamburg vom September 1979.[6] Auftraggeber ist das Bundesministerium der Justiz in Bonn. Es handelt sich um eine Sekundäranalyse der Einkommens- und Verbrauchsstichprobe des Statistischen Bundesamts aus den Jahren 1973/74 über die Einkommens-, Vermögens- und Verbrauchslage von Ein-Elternteil-Familien mit Kindern unter 18 Jahren.
Das ausgabefähige Gesamt-Nettoeinkommen (= ausgabefähige Einkommen und Einnahmen) von Ein-Elternteil-Familien aller geschiedenen Mütter mit Kindern beträgt danach jährlich DM 18312,-, das sind DM 1526,- monatlich. Das ist nur wenig mehr als die Hälfte des ausgabefähigen Gesamt-Nettoeinkommens der bundesdeutschen Standard-Voll-Familie, die DM 33696,- jährlich oder DM 2808,- monatlich zur Verfügung hat.[7] Nur 17% des genannten globalen Nettoeinkommens der geschiedenen Mütter mit Kindern fließt aus Unterhaltszahlungen. Den Hauptanteil des Einkommens beziehen diese Mütter also aus unselbständiger Arbeit oder – zum kleinen Teil – aus öffentlichen Geldern (Sozialhilfe, Wohnungsgeld, Kindergeld). 31% der Mütter erhalten überhaupt keinen Unterhalt, weder für sich, noch für die Kinder. Die glücklichen 69% beziehen Unterhalt – entweder für die Kinder oder für sich oder für beide – in Höhe von zusammen DM 4506,- jährlich, monatlich also DM 375,50.
Diese Zahlen stammen aus der Gruppe *aller* geschiedenen Mütter. 74% davon, also fast Dreiviertel, sind erwerbstätig.[8] Welch Wunder, bei diesen Summen an Unterhalt!
Wenden wir deshalb noch kurz einen Blick auf die 26% der geschiedenen Mütter, die – meist wegen der Kinder – nicht erwerbstätig sind.
Das durchschnittliche Jahres-Nettoeinkommen dieser Gruppe beträgt DM 14830,-, also rund DM 1236,- monatlich.[9] 70% der nichterwerbstätigen geschiedenen Mütter mit Kindern beziehen Unterhalt für sich oder/und die Kinder in Höhe von durchschnittlich rund DM 694,- monatlich.[10] Das restliche Einkommen fließt weitgehend aus öffentlichen Geldern, also Sozialhilfe, Wohnungsgeld, Kindergeld.
Am schlimmsten ist die Unterhaltssituation bei geschiedenen Arbeiterinnen mit Kindern. Nur 62% dieser Mütter erhalten Unterhalt für sich oder/und die Kinder. Die Höhe des Unterhalts für Mütter und Kinder zusammen beträgt durchschnittlich DM 195,- monatlich![11]

Die Zahlen des Max-Planck-Instituts stammen, wie schon erwähnt, aus den Jahren 1973 und 1974.
Die andere mir vorliegende Studie arbeitet mit Zahlen aus den Jahren 1977/78. Es handelt sich um die – unveröffentlichte – Untersuchung des EMNID-Instituts Bielefeld[12] mit dem Titel *‹Sicherung des Unterhalts für Kinder alleinstehender Elternteile›*, durchgeführt im Auftrage des Bundesministeriums für Jugend, Familie und Gesundheit in Bonn. Zielgruppe der Untersuchung sind alleinstehende Mütter mit Kindern unter 16 Jahren. Die Studie hat für mich den Vorteil, daß sie im Gegensatz zur ersten Studie zwischen Unterhaltsansprüchen der geschiedenen Mütter für sich selbst und für die Kinder unterscheiden kann.
Eine der aufregendsten Zahlen:
Nur 29% aller geschiedenen Mütter haben überhaupt einen eigenen Anspruch auf Unterhalt!
Die zweite aufregende Zahl:
Der Unterhalt dieser 29% Frauen beträgt durchschnittlich DM 420,- im Monat[13].
Ein Drittel aller geschiedenen Mütter (32%) erhält Sozialhilfe. Damit ist der Anteil der Sozialhilfeempfänger bei den geschiedenen Frauen besonders hoch. Bei verwitweten Müttern beträgt er zum Beispiel 6%, bei ledigen Müttern 19%.[14]
Die Zahlen für die Kinder:
90% der Kinder geschiedener Mütter hat Anspruch auf Unterhalt.[15]
Die Höhe dieses Unterhalts beträgt im Durchschnitt DM 185,- pro Kind. Unterhaltszahlungen für Kinder erfolgen häufig unregelmäßig. Es gibt Zahlungsausfälle, der Durchschnitt liegt bei drei Jahren!
Soweit der Ausflug in die Wissenschaft. Die Zahlen sprechen für sich.
Ein Satz aus der Max-Planck-Studie, der mir besonders gut gefiel:

> «In dieser globalen Perspektive zeigt sich, daß Unterhaltszahlungen nicht ausschließlich eine ökonomische, sondern oft nur eine symbolische Bedeutung haben.»

III.

Wo liegt der Grund für diese Misere? Warum bekommen Ehefrauen mit Kindern nach dem Scheitern ihrer Ehe so wenig oder keinen Unterhalt?
Liegt es an unseren schlechten Gesetzen, wie so viele behaupten?
Leider nein. Ich sage leider, denn Gesetze könnte man ändern. Die Unterhaltsmisere beruht auf Gründen, die traurigerweise kaum zu ändern sind. Ich sehe im wesentlichen drei Gründe:

1.
Der wichtigste Grund liegt für jeden, der das Problem mit offenen Augen sehen will, auf der Hand:
Es ist einfach nicht genug Geld da, um davon ausreichenden Unterhalt zu zahlen.
Die deutsche Bundesfamilie mit zwei Kindern hat zur Zeit ein monatliches Nettoeinkommen (= Haushaltsnettoeinkommen) von durchschnittlich DM 2662,-.[17]
Stellen wir uns vor, eine Ehe mit diesem Durchschnittseinkommen geht in die Brüche. Der Mann ist allein erwerbstätig, die Frau ist seit der Geburt der Kinder Familien-Hausfrau und betreut die beiden Kinder, fünf und acht Jahre alt. Das Ehepaar trennt sich, die Frau betreut weiter die Kinder, und da sie deswegen bis auf weiteres nicht erwerbstätig sein kann, ist sie auf den Unterhalt ihres Mannes angewiesen.
Nach der sogenannten «Düsseldorfer Tabelle»[18], Stand 1. 1. 1980, beträgt der Unterhalt für das fünfjährige Kind DM 265,-, für das achtjährige Kind DM 320,-. Die Frau erhält also für beide Kinder DM 585,-. In diesem Zusammenhang ein kurzer Seitenblick: Nach der Berechnung des Deutschen Familienverbandes in München vom Oktober 1978 beträgt der Mindestbedarf (Existenzminimum) für die Lebenshaltungskosten eines Kindes zwischen 0 und 18 Jahren – hier Mittelwert 12 Jahre alt – DM 435,90, der Normalbedarf DM 621,25 monatlich.[19]
Dem Mann unseres Beispielfalls verbleiben also nach Abzug des Unterhalts für die Kinder noch DM 2077,-. Von diesem Rest bekommt die Frau als Unterhalt für sich drei siebtel, also hier DM 890,-.[20]
Die Mutter mit den beiden Kindern hat also, wenn alles gutgeht, monatlich DM 1475,zum Leben, der Mann für sich allein DM 1187,-.
Das Einkommen des Mannes, das ursprünglich für die gesamte Familie in einem Haushalt gar nicht so schlecht war, reicht für zwei Haushalte nicht hin und nicht her.
Übrigens würde ein solcher Fall am Stammtisch anders dargestellt: «Stellen Sie sich vor, da bleiben doch diesem armen Mann nur 1187 Mark!» Kein Mensch sagt dazu, daß die Frau zu dritt nur wenig mehr hat. Meist heißt es sogar: «Da hat doch dieser arme Mann noch knapp 500,- Mark zum Leben – wobei man dann die Miete und die Kosten fürs Auto gleich abgezogen hat.»
Aber dies war ein günstiger Fall!
Millionen von Bundesbürgern (mit vierköpfiger Familie) verdienen weit weniger als DM 2662,-!
Ich blättere in einigen Akten, die auf meinem Schreibtisch liegen. Da ist Michael K., 26 Jahre alt, Arbeiter bei den Stadtwerken, Nettover-

dienst: DM 1271,- im Monat. Oder Anton M., 56 Jahre alt, gelernter Zimmermann, jetzt Angestellter in einer Behörde, Nettoverdienst: DM 1819,-. Oder Bruno H., 31 Jahre alt, Lastwagenfahrer bei einer Baufirma, Nettoverdienst DM 1734,-[21]

Brunos Ehe zum Beispiel ist gescheitert, die Eheleute haben sich getrennt, die Frau betreut die Kinder, drei und sieben Jahre alt. Unterhalt für die Kinder nach der «Düsseldorfer Tabelle» DM 205,- und DM 250,-, zusammen DM 455,-. Vom Rest – DM 1279,- müßte die Frau drei siebtel bekommen, also DM 548,-. Das geht nicht, denn Bruno muß in seiner Einkommensgruppe mindestens DM 825,- für sich behalten. Also bleiben für die Frau nur DM 454,-, zusammen mit den Kindern DM 909,-.

In allen Fällen habe ich bisher nicht berücksichtigt, daß der erwerbstätige Ehemann noch Beiträge für die Krankenkasse sowie «berufsbedingte Aufwendungen», zum Beispiel Fahrgeld, Arbeitskleidung etc., von seinem Nettoeinkommen vorab abziehen kann. Ich habe weiterhin nicht berücksichtigt, daß die meisten Familien Schulden aus laufenden Krediten für Möbel, Auto oder dergleichen haben, die ebenfalls vorab abzuziehen sind. Schließlich habe ich die Fälle außer acht gelassen, in denen Familienväter wieder heiraten, weitere Kinder in die Welt setzen und daher einer neuen Familie gegenüber unterhaltspflichtig sind.

Die Zahlen zeigen, daß selbst ein gutwilliger Ehepartner allein heute meist gar nicht in der Lage ist, im Falle einer Trennung den anderen Ehepartner finanziell abzusichern. Das hat vielleicht noch die Großfamilie vergangener Zeiten geleistet, in deren Schoß zum Beispiel die Ehefrau zurückkehren konnte. Heute bleibt dieser Ehefrau – falls sie nicht erwerbstätig sein kann – nur die Geborgenheit im Schoße des Sozialamts.

2.

Das waren die Zahlen der gutwilligen zahlungsfreudigen Ehemänner aus geschiedenen Hausfrauenehen.

Zahlungsfreudig sind allerdings nur wenige. Niemand zahlt sonderlich gern für Menschen, die er nicht – mehr – liebt. Noch weniger gern zahlen wir für Menschen, auf die wir wütend sind, die uns verletzt haben, die wir hassen. Warum sollten sich Ehepartner anders verhalten? Leider scheitern die meisten Ehen in Bitterkeit und Haß.

Ein weiterer Grund dämpft die Zahlungsfreude:

Wenn der allein verdienende Familienvater in der Ehe mit seinem Einkommen das Leben der Familie finanziert, so ist das eine Sache. Dafür genießt er innerhalb der Familie Service und Komfort: das

Essen ist warm, wenn er nach Hause kommt, die Wohnung sauber, die Hemden gewaschen, die Hosen gebügelt und das Bett frisch bezogen.
Wenn der allein verdienende Ehemann nach dem Ende der Hausfrauenehe einen großen Teil seines Einkommens in Form von Unterhalt an Frau und Kinder in die Ferne schicken soll, so ist das eine andere Sache...
Wen wundert's, daß unterhaltspflichtige Familienväter zu Hunderttausenden versuchen, sich um ihre Unterhaltspflicht ganz oder wenigstens teilweise zu drücken. Da wird Einkommen verschleiert oder verschwiegen – Spezialität zum Beispiel bei Freiberuflern, die Bilanzen aufmachen, daß mir die Tränen kommen. Gehaltserhöhungen (der Gehaltsempfänger) werden vergessen oder verspätet berücksichtigt, Sonderzulagen fallen «versehentlich» unter den Tisch. Das geht so weit, daß mancher Erwerbstätige nicht ungern sogar arbeitslos wird und wenig Lust verspürt, sich neue Arbeit zu suchen. Wenn er gar, wie Else R. s geschiedener Ehemann Herbert, darüber hinaus noch eine neue Familie gründet, dann ist der Unterhaltsofen endgültig aus.
Schließlich das Heer der ganz Konsequenten, die einfach die lästige Vergangenheit vergessen: Sie wechseln zum Beispiel den Arbeitgeber, sobald eine Lohnpfändung kommt. Noch sicherer ist der Weg, den Andreas geschiedener Mann Wilhelm aufzeigt: einfach untertauchen. «Unbekannt verzogen» heißt es dann. Die Bundesrepublik ist groß genug.

Kein Mann zahlt gern für eine Frau, die er nicht – mehr – liebt. Schon gar nicht und erst recht nicht, wenn diese die Kühnheit besitzen sollte, einen anderen zu lieben! Jeder auf seine «Ehre» bedachte Ex-Ehemann hält es spätestens dann für selbstverständlich, die Unterhaltszahlungen einzustellen.
Ein kurzer Blick auf die Berichte der Frauen dieses Buches: Wilhelm, Herbert, Günther und Konstantin (die Ehemänner von Andrea, Else, Sonja und Johanna) haben ihre Familien verlassen, um mit einer anderen Partnerin ein neues Leben zu beginnen. Udo, Gesines Ehemann, beginnt einige Wochen nach der Trennung von Gesine eine Partnerschaft mit einer anderen Frau. So wie diese Männer konnten Ehemänner seit eh und je handeln, und niemand ist bisher auf die Idee gekommen, ihnen deshalb zur Strafe das Gehalt zu kürzen.
Aber wehe, wenn die hier genannten Frauen das gleiche getan hätten! Angenommen, eine von ihnen hätte sich während ihrer Eheschwierigkeiten in einen anderen Mann verliebt und sich mit diesem dann zu-

sammengetan? Im Deutsch der Juristen hieße das dann, sie sei «aus einer durchschnittlich verlaufenen Ehe ausgebrochen»! Nach Ansicht fast aller Ehemänner und der meisten Richter hätte sie dann – zur Strafe! – ihren Anspruch auf Unterhalt verwirkt.[22] Es wäre ja auch noch schöner, so meinen einige Gerichte, wenn der Ehemann der Frau dann auch noch Unterhalt zahlen müßte, bei «dieser schweren Kränkung»[23]. Um etwaige Kränkungen verlassener Ehefrauen hat sich bisher noch keiner gekümmert.

Selbst nach geschiedener Ehe ist es für Frauen, die auf Unterhalt angewiesen sind, gefährlich, sich mit einem männlichen Partner, zum Beispiel in einer Wohngemeinschaft, zusammenzutun. «Der Unterhaltsverpflichtete ist nicht verpflichtet, eine neue Lebensgemeinschaft seines geschiedenen Ehegatten, wenn auch nur mittelbar, mit zu finanzieren.» So sehen es nicht nur geschiedene Ehemänner, sondern auch berühmte Juristen.[24] Etwas weniger deutlich patriarchalisch, aber gleich im Ergebnis sind die Begründungen, mit denen der geschiedenen Ehefrau mit männlichem Partner in letzter Zeit überwiegend Unterhalt verweigert wird: Es wird schlankweg vermutet, daß die Frau ihrem Freund den Haushalt führt und dafür Barlohn oder Naturallohn in Form von freier Kost und Logis beanspruchen kann. Überdies sei «der Wille des Geliebten, die Frau auszuhalten, üblich»[25]. Damit wird dann begründet, daß die Frau nunmehr ganz oder überwiegend ihren Unterhalt auf diese Weise «selbst verdient»[26].

Es scheint manche männliche Phantasie zu übersteigen, daß eine Frau zwar mit einem Mann zusammen leben, finanziell aber von ihm unabhängig sein möchte.

Ich halte diese Rechtsprechung, an die auch ich selbstverständlich gebunden bin, für einen Verstoß gegen Art. 3 des Grundgesetzes[27], denn im Gegensatz zu Frauen wird kein Mann nach der Scheidung gefragt, wie er sein Privatleben gestaltet.

Privatleben und Unterhalt haben nichts miteinander zu tun. Schließlich beruht die Pflicht zum Unterhalt gegenüber der unterhaltsbedürftigen Hausfrau *auch* auf der früheren Entscheidung des Mannes, eine Hausfrauenehe zu führen und allein erwerbstätig zu sein. Außerdem findet in der derzeitigen Rechtsprechung das alte Schuldprinzip, das mit dem neuen Eherecht ausdrücklich abgeschafft werden sollte, durch die Hintertür wieder Eingang.

Die Konsequenz: Unterhalt wird – wenn überhaupt – an die Frau nur dann gezahlt, wenn sie sich vor und nach der Scheidung entsprechend «gut benimmt».[28] Sicher sähe es mancher geschiedene Ehemann am liebsten, wenn die Ex-Gattin sich einsam in ein Dachstübchen zurückziehen würde, um ihm dort in aller Stille nachzuweinen ...

3.
Schließlich ein dritter Grund für die allgemeine Kärglichkeit von Unterhaltszahlungen:
Ehemänner finden es ganz selbstverständlich, daß ihre Ehefrauen erwerbstätig sind – pikanterweise aber erst dann, wenn die Hausfrauenehe gescheitert ist. Es sind dieselben Männer, für die es zu Beginn der Ehe ganz selbstverständlich war, daß ihre Frauen den Beruf aufgeben und sich ausschließlich der Familie widmen!
Günther und Wilhelm (Ex-Ehemänner von Sonja und Andrea) sind solche Musterexemplare, die mir in meiner Praxis täglich begegnen. Das Maß an Unverfrorenheit und Zynismus solcher Familienväter in der Frage der Erwerbstätigkeit ihrer Frauen beeindruckt selbst mich noch zuweilen.
Nun bin ich fürwahr nicht gegen eine Erwerbstätigkeit von Frauen. Im Gegenteil! Aber es ist ein fundamentaler Unterschied, ob ich eine Erwerbstätigkeit von Anfang an für mein Leben einplane oder ob ich mich erst nach 7 oder 10 oder 15 Jahren Ehe dazu entschließen muß. Es ist ein Unterschied, ob ich mich mit 35 oder 45 Jahren in einer planmäßig aufgebauten Berufslaufbahn bewege oder ob ich in diesem Alter neu in einen Beruf einsteige. Familienhausfrauen, die nach einer gescheiterten Ehe eine Erwerbstätigkeit aufnehmen sollen, haben entweder keine Berufsausbildung oder keine abgeschlossene oder sie haben den erlernten Beruf längst vergessen. Sie haben keine Berufserfahrung und Riesenängste vor einer Berufswelt, die ihnen vom heimischen Herd aus fremd blieb. Außerdem gehört ein Mensch ab 35 auf unserem gnadenlosen Arbeitsmarkt schon fast zum alten Eisen, besonders unattraktiv dann, wenn überdies noch Kinder an der nicht mehr ganz jungen Schürze hängen.
Die Chancen für eine Frau, nach einer Hausfrauenehe mit Kindern in einen qualifizierten Beruf aufzusteigen, sind also denkbar miserabel. Dennoch sind Dreiviertel aller geschiedenen Mütter erwerbstätig.[29]
Das bedeutet, daß die meisten Frauen darauf verzichten müssen und auch darauf verzichten, einen qualifizierten Beruf auszuüben. Sie sind froh, wenn sie *irgendwo irgendeine* bezahlte Arbeit finden. Möglichst nicht zu weit weg von zu Hause und mit günstigen Arbeitszeiten, damit die Rennerei zwischen Arbeitsplatz und Kindern zu schaffen ist. Sie sind froh, weil sie in der Regel auf das Geld angewiesen sind. Sie freuen sich auch, einmal herauszukommen aus den vier Wänden und nach der ehelichen Trübsal Bestätigung in ihrer Arbeit und durch andere Menschen zu finden. Fast alle Frauen, mit denen ich gesprochen habe, haben mir dieses Bedürfnis bestätigt.
Und schließlich werden es auch viele Frauen gründlich leid, sich in der

Rolle einer Empfängerin von Almosen fühlen zu müssen. Ständig um jede Mark kämpfen zu müssen, bestenfalls jeden Monat bittend die Hand aufhalten zu dürfen, macht auf die Dauer das Rückgrat kaputt. (Delikaterweise lehnen es übrigens viele unterhaltspflichtige Familienväter ab, das Geld per Dauerauftrag zu überweisen! Am liebsten händigen sie es persönlich aus.) Diese Frauen genießen plötzlich ein neues Gefühl von Selbstbewußtsein und Freiheit in dem Wissen, ihr Geld – sei es auch noch so wenig – selbst verdienen zu können und finanziell unabhängig zu sein.

Sie verzichten auf Unterhalt ... und die verflossenen Ehemänner nehmen dankend an ...

Soweit die traurige Wahrheit um das Schicksal derjenigen, die auf Unterhalt angewiesen sind.

Nach allem sollten wir endlich aufhören, uns etwas vorgaukeln zu lassen! Anspruch auf Unterhalt ist kein Netz, in das sich ein Mensch ohne eigene Existenzgrundlage fallen lassen kann. Unterhalt könnte bestenfalls ein Seil sein, um sich eine Weile daran festzuhalten, wenn ein Engpaß zu überwinden ist. Mehr nicht.

Sonja Z., 36 Jahre alt, 2 Kinder, geschieden

Sonja ist gelernte Kinderpflegerin – mit 22 Jahren heiratete sie Günther, bekam ein Jahr später die Tochter Karin und drei Jahre danach den Sohn Peter – als sie 30 war, trennte sich Günther von der Familie – vier Jahre später wurde die Ehe geschieden.

Sonjas Eltern lebten in bescheidenen Verhältnissen. Sonja besuchte die Volksschule, danach die Handelsschule und begann dann eine dreijährige Ausbildung als Kinderpflegerin.
Ihr drei Jahre älterer Bruder besuchte das Gymnasium, studierte dann und ist heute Studienrat.

«Meine Eltern versuchten auf ihre Art das möglichste zu tun, daß wir beide gerecht eine Ausbildung kriegten. Aber ich selbst habe bemerkt, daß die Erziehung doch etwas unterschiedlich war. Wenn mein Bruder mehr Hausaufgaben hatte, wurde er doch etwas mehr abgeschirmt von den anderen Tätigkeiten, ob es Hausarbeit oder Gartenarbeit oder so weiter war. In Hausarbeit tat er sich außerdem noch sehr schwer. Ich mußte da mithelfen, und ich habe es auch bereitwillig getan, weil meine Mutter ja auch viel Arbeit hatte. Wir konnten uns ja auch nicht viel leisten, weil mein Vater wenig verdiente. Aber meine Eltern haben, muß ich sagen, alles soweit für uns getan.»

Wie stellten Sie sich damals Ihre Zukunft vor? Wollten Sie einen Beruf ausüben oder wollten Sie irgendwann heiraten?

«Grundsätzlich wollte ich einen Beruf überhaupt haben, und es war auch mit in der Erziehung von meinen Eltern her. Ich hatte andererseits auch den Wunsch zu heiraten. Also es sind zwei Wünsche dagewesen.»

Und haben Sie sich damals schon überlegt, ob man das irgendwie vereinbaren kann?

«Ich wollte irgendwie versuchen, Beruf und Kinder zu vereinbaren. Das wollte ich, aber es ist mir anscheinend nicht gelungen.»

Mit 20 hatte Sonja ihr Examen als Kinderpflegerin bestanden. Anschließend wollte sie eine Schule für Heilpädagogik besuchen, um sich dort auf den Umgang mit behinderten Kindern zu spezialisieren. Sie liebte Kinder und freute sich darauf, noch mehr zu lernen.

«Ja, dann kam die Verlobung dazwischen. Ich hatte meinen Mann kennengelernt, und wir wollten auch zusammenbleiben. Wir verstanden uns gut, und wir meinten, wir könnten wohl ein Leben lang auskommen.

Da mein Mann damals noch in Ausbildung war, mußte ich meinen Plan, auf die Schule für Heilpädagogik zu gehen, aufgeben, weil das finanziell dann monatlich nicht stimmte.»

Günther wollte Beamter werden. Er machte gerade die Ausbildung im gehobenen Dienst der Finanzverwaltung.

«Er verdiente damals minimal, so knapp DM 300,-. Davon kann man ja wirklich nicht leben, und deshalb wollten wir uns zusammentun, und ich wollte dann arbeiten.»

Und was haben Sie dann gemacht?

«Ich bin in die Finanzverwaltung gegangen und wurde Verwaltungsangestellte. Es wurde gerade eine Kraft gesucht, die auch ungelernt war.»

Das ist ja nun etwas ganz anderes, als was Sie vorher gemacht hatten. Sie waren doch Kinderpflegerin. Wieso sind Sie in diesem Bereich nicht geblieben?

«Ich wäre gern geblieben. Ich hatte auch ein Angebot bei einer Kinderklinik gehabt in dem Wohnort, in dem wir wohnten. Da wurde mir eine Stelle angeboten in der Neugeborenenstation. Das hätte ich auch sehr gern gemacht. Aber mein Mann fing denn an, doch zu revoltieren, weil dort Schichtdienst war, Nachtdienst und Nachmittagsschicht und so weiter, und das fand er denn nicht gut. Es war schon alles perfekt, und plötzlich hat er gesagt, daß ich das nicht darf, und hat regelrecht, ich kann sagen, plötzlich rumgesponnen. Hat es also nicht erlaubt, und ich war ziemlich deprimiert und fand es auch nicht fair, habe mich aber nachher doch damit abgefunden. Dann bin ich in die Finanzverwaltung gegangen. Ich habe gut verdient, und die Arbeit ging an und für sich gut. Es ist natürlich totes Material, Kinder und so Lebewesen sind mir natürlich heute noch am liebsten.»

Aufstiegschancen oder irgendeine Art von beruflicher Weiterentwicklung gab es für Sonja dort nicht. Sie verdiente DM 800,-, dazu kam der Ausbildungsunterhalt von Günther mit DM 300,-. Sie schafften sich Möbel an und sogar ein kleines Auto.

Wer hat das Auto gefahren?

«Mein Mann hat das Auto gefahren. Er hatte den Führerschein schon von zu Hause aus. Es war in seiner Familie so üblich, daß die

Kinder alle den Führerschein machten. Ich selbst hatte keinen Führerschein und kam auch nicht auf die Idee.»

Sonja war knapp zwei Jahre in der Finanzverwaltung tätig. Dann wurde die Tochter Karin geboren, und Sonja hörte auf, in ihrem Beruf zu arbeiten.

War das für Sie ganz selbstverständlich?

«Ganz selbstverständlich war das für mich nicht. Ich wußte zwar, wenn die Kinder erst da sind, daß man etwas zurückstecken muß. Aber ganz habe ich's nicht akzeptiert. Mein Mann war dafür. Daß ich zu Hause blieb, war für ihn eine Selbstverständlichkeit. Er meinte, die Kinder brauchen einen, und ich sah das ja auch ein. Aber mir fiel es etwas schwer.

Drei Jahre später kam denn der Sohn zur Welt. Und da ging es natürlich überhaupt nicht mit 'ner Berufstätigkeit. Also, die Sache hatte ich mir schon lange aus dem Kopf geschlagen.»

Sonja widmete sich ganz den Kindern, dem Mann und dem Haushalt. Freizeit gab es kaum für sie. Günther hatte wenigstens die Wochenenden, um seinen Hobbies – er bastelte gern – nachzugehen.

Ihr Mann war ja nun derjenige, der das Bargeld verdiente. Ergaben sich daraus irgendwelche Schwierigkeiten?

«Er brachte immer so zum Ersten des Monats soundsoviel mit für den Haushalt. Wenn's mal nicht langte bei mir, das kam ja auch mal vor, dann hab ich ihn drum gebeten, daß er mir noch mal was geben soll. Und da war er auch immer dabei. Ich sagte, ich bin damit nicht ausgekommen, ich habe ihm das begründet, und das hat er akzeptiert und hat mir denn auch das gegeben. Ansonsten, ans Konto selbst, konnte ich nicht ran.»

Bekamen Sie Taschengeld?

«Ich habe viel versucht, vom Wirtschaftsgeld zu nehmen. Aber die Kinder in dem kleinen Alter kosten ja doch am meisten, und da steckt man unwillkürlich ein bißchen zurück.»

Haben Sie alle finanziellen Entscheidungen gemeinsam getroffen?

«Ja, wir haben versucht, am Monatsanfang immer zu überlegen, was liegt an an normalen Dingen und an Kleidungsstücken oder vielleicht Küchengeräten. Was denn so auf uns zukam, haben wir versucht, gemeinsam zu lösen. Aber es kam auch schon mal vor, daß, wenn ich mal so Bedenken einlegte, weil ich ein bißchen knapper war in dem Monat, dann hab ich gesagt, weißt du, das lassen wir mal zurück, und denn nachher hat er es doch gekauft. Also dann hat er die Entscheidung doch allein gefällt. Insofern hätte sich manche Diskussion erübrigt.»

Gab's darum auch manchmal Streit?

«Streit kann ich nicht sagen. Ich hab denn mehr oder weniger meinen Mund gehalten, weil ich gegen meinen Mann nicht ankam. Ich hab schon mal gemotzt, aber es war so, zu 'ner Explosion oder zum Streit kam es deswegen nicht. Ich wollte auch keinen Streit, ich sah das irgendwie nicht ein. Und wenn er was sagte, das war manchmal so wie das Amen in der Kirche. Und da war es für mich überflüssig, da was noch dagegen zu sagen.»

Es scheint, als wären die ersten Ehejahre zwischen Sonja und Günther im großen und ganzen harmonisch verlaufen.

Wann fing es denn an zu kriseln?

«Richtig zu kriseln fing es an und für sich so'n bißchen schon bei dem ersten Kind an, bloß da wußte ich das noch nicht. Wenn man ein Kind erwartet hat, ist nachher ja eine gewisse Schonfrist. Und beim Mann ist dann sexuell eine Zeit etwas Ruhe. Und das konnte mein Mann nicht vertragen. Er war sehr stark veranlagt, und da gab es dann schon mal Schwierigkeiten. Er hatte, was ich mittlerweile in den letzten Jahren erfahren hab, denn auf 'nem Lehrgang doch immer irgendwie 'ne Freundin. Er mußte sich denn auf die Art immer mal abreagieren. Ich habe dann gemerkt, daß etwas nicht stimmte, aber ich wußte nicht, woran ich war. Wir wollten ja beide Kinder haben, und ich hätte es ja doch gern gehabt, daß er da Rücksicht drauf nahm, auch wenn er auf 'nem Lehrgang war.

Wir haben uns dann wieder versöhnt, wie man so schön sagt. Aber ich muß sagen, daß wir nach den beiden Kindern sehr viel Schwierigkeiten anschließend hatten, sexuell und im Zusammenleben, es war sehr schwer.»

Kamen die Schwierigkeiten daher, daß Ihr Mann mehr sexuelle Wünsche hatte, als Sie bereit waren zu geben?

Ja, ich hab das nicht verkraftet, weil ich nachts auch immer aufstehen mußte. Die Karin zum Beispiel, sie kam gleich zwei Tage nach der Geburt ins Krankenhaus, weil sie eine Lungenentzündung kriegte – sie hatte zuviel Fruchtwasser geschluckt –, und es stand auf Messers Schneide mit ihr. Und da waren diese ganzen seelischen Belastungen auch zu schwer für einen, und ich hörte dann nur am anderen Ende, wenn er im Krankenhaus anrief, machte er mir viel Vorwürfe, als ob ich schuld daran wäre.

Das Kind kam dann nach Haus, und dann hatte ich auch Verhaltensmaßregeln vom Arzt, daß es nicht zuviel schreit. Und dann muß man doch ewig nachts hoch, und Karin mußte nachts noch länger gefüttert werden, und ich muß sagen, ich war doch ziemlich geschlaucht, und da habe ich nicht alles so packen können.

Nach dem zweiten Kind waren dann wieder dieselben starken

Spannungen. Ich hab mich dann noch extra beim Arzt untersuchen lassen, ob ich überhaupt noch sexuell normal wäre. Es hätte ja sein können, ich wußte es nachher selbst nicht mehr. Aber der Arzt sagte, daß alles o. k. wäre, und der Partner müßte eben sehr viel Geduld haben.»

Inzwischen hatte Günther des öfteren seinen Arbeitgeber gewechselt. Er war in allen Stellungen unzufrieden.

«Er wollte gern weiterkommen, aber er wußte manchmal nicht, wie er es anpacken sollte, obwohl er sonst ja ziemlich clever war. Aber er warf dann auch immer gleich die Flinte ins Korn.

Durch einen Zufall hatte ich dann in einer Zeitung entdeckt, daß in Düsseldorf das Finanzministerium einen Beamten sucht mit seiner Ausbildung. Da habe ich ihm denn Mut gemacht, daß er da ruhig hinschreiben sollte. Er hat nicht gedacht, daß es was würde, aber es ist was geworden. Und dann ging er nach Düsseldorf.»

Sonja und Günther waren damals fünf Jahre verheiratet.

«Wir lebten dann getrennt, und Günther kam zum Wochenende. Es war so, daß ich mich sehr freute, wenn er am Wochenende kam. Aber wenn er dann da war, dann wurde mir alles zuviel, dann meinte er, es müßte alles nach seinem Schema gehen. Und plötzlich war dann bei mir 'ne Wand. Dann konnte ich nicht mehr weiter, und dann habe ich mich auch manchmal sexuell verweigert. Einmal war es so, daß ich deswegen geschlagen wurde. Da war es von meiner Seite her lange zappenduster.

Es war so, daß er doch schneller eine Befriedigung haben wollte. Ich konnte das gar nicht so schnell vollziehen, und er ist auch nicht auf die Idee gekommen, daß Frauen da etwas anders sind. In Düsseldorf hat er sich denn eine Freundin zugelegt, aus dem Ministerium eine Schreibkraft.»

Hat er Ihnen das gesagt?

«Nein, ich bin erst dahintergekommen, als ich in demselben Jahr nach Düsseldorf gezogen war. Und da hab ich es auch erst nicht gewußt. Ich hab denn anonyme Anrufe bekommen – und dann hat er es auch zugegeben.

Er sagte, er könnte mit mir nicht mehr so zusammensein, und die andere Frau würde ihm mehr bieten, vor allem im Bett. Die andere Frau war selbst auch verheiratet, aber sie nahm das Leben doch recht locker.»

Wie ging das denn nun weiter?

«Es war so, wir haben versucht, uns zu einigen wegen der Kinder, und es klappte einigermaßen. Ich habe denn versucht, das immer noch abzubauen, weil ich wirklich dachte, es läge an mir. Ich kriegte schon regelrecht Komplexe. Ich hoffte auch immer, daß wir auch wieder eine Basis finden, daß man auch vielleicht mal ein bißchen spricht, was bei uns seltener war. – Nein, wir haben nicht gut miteinander reden können. Ich hatte in der Beziehung etwas Hemmungen, weil ich nicht wortgewandt war so wie er. Er ist sehr wortgewandt. Ich hatte Schwierigkeiten, mich auszudrücken, und deswegen haben wir auch nie darüber richtig geredet. Ich hatte auch ein bißchen Angst, von dem Thema plötzlich mit ihm so zu sprechen, obwohl er ja nun mein Mann war.»

Sie meinen, zum Thema Sexualität?

«Ja, ich hatte doch sehr Hemmungen, weil ich dachte, na ja, vielleicht klappt da was nicht, und du bist wirklich da im Moment ein Nix, auf gut deutsch.»

Konnten Sie denn über andere Themen mit Ihrem Mann sprechen?

«Man konnte erst mal reden, und er hörte sich das an. Aber es ist so, daß das Gerede etwas witzlos war, weil er denn doch tat, was er da für richtig hielt.»

Die Beziehung mit der Freundin ging nach zwei Jahren zu Ende. Das Eheleben ging danach normal weiter, und Sonja meinte, «man sollte sich keine Vorwürfe machen, schon wegen der Kinder». Sie freute sich, daß sie durchgehalten hatte und daß es einen neuen Anfang gab.

Ein Jahr später wurde Günther ernsthaft krank – Hodenkrebs. Er wurde operiert und anschließend mit Bestrahlungen und Medikamenten behandelt.

«Plötzlich war alles wieder voll Spannungen, wegen seiner Erkrankung. Es war für ihn auch sehr schwer, plötzlich zu erfahren, daß er so krank war. Und von dem Medikament bekam er Haarausfall und hatte denn ein Toupet 'ne Zeit. Es war für ihn schon sehr deprimierend. Da hab ich denn gedacht, daß man gerade in dieser Zeit noch mehr zusammenhalten sollte. Ich hatte aber nicht damit gerechnet, daß er zwischendurch bei einer Fahrt nach Süddeutschland bei meiner Cousine die Dame da kennengelernt hat, eine neue Dame, und denn ging es los. Dann führte er Gründe an, ich wär nicht gebildet genug, primitiv, und wär überhaupt doof, auf deutsch, und er machte einen so richtig fertig. Er hämmerte mir denn immer mehr Komplexe ein, daß ich schuld hätte an seiner Erkrankung. Er meinte, weil ich mich manchmal verweigert hätte, er müßte sich denn selbst befriedigen, daß das damit zusammenhinge. Und da waren natürlich für mich alle Hoffnungen hin.»

Ein Jahr später zog Günther aus der ehelichen Wohnung aus und nahm sich ein Appartement.

Und wie war für Sie diese Trennung? Ich meine, Sie blieben ja nun allein zurück mit den Kindern?

«Ja, es war erst mal 'ne schlimme Enttäuschung, also noch viel größer als damals, als er die Freundin hatte. Irgendwie hatte ich den Eindruck, jetzt ist alles aus. Ich hatte Angst, wie geht's jetzt weiter? Also die Kinder brauchten ja einen auch, die haben am meisten drunter gelitten, und man mußte denn versuchen, gleichmäßig zu sein, und man stand in dem Moment so regelrecht verlassen da. Ich wußte nicht mehr, was ich machen sollte, und es war irgendwie sehr, sehr schwer.»

Gab es spezielle Schwierigkeiten mit den Kindern (sie waren damals sieben und vier Jahre alt)?

«Die Große, die wurde denn eingeschult. Sie litt die ganzen Jahre unter Bronchitis, hatte viel Lungenentzündung, und sie war nun in dem Jahr besonders anfällig. Sie war mehr zu Hause als in der Schule, sie hatte in dem Jahr, glaube ich, zwei Lungenentzündungen, von der Bronchitis mal abgesehen. Sie hat auch sehr viele Spannungen mitgekriegt. Der Kleine hatte sie zwar mitgekriegt, aber er konnte es nicht ganz umsetzen. Er machte es mit sich selbst im Innern aus, und zeigte denn im Moment keine Gefühle.»

Der Sohn Peter kam dann in den Kindergarten. Zu der Leiterin des Kindergartens faßte Sonja schnell Vertrauen, und sie erzählte ihr, wie es um die Familie stand. Die Leiterin ermutigte sie, sich eine Berufstätigkeit zu suchen und bot ihr eine Stelle als Hilfskraft im Kindergarten an. Nach einigem Zögern nahm Sonja die Stelle an und arbeitete dort mit großer Freude. Finanziell kam sie so gerade über die Runden. Günther verdiente ungefähr DM 2200,- netto und zahlte davon DM 1000,- Unterhalt für Frau und Kinder und zusätzlich die Miete von DM 275,-.

Als Sonja dann selbst etwas im Kindergarten verdiente – zwischen DM 700,- und DM 800,-, zahlte Günther nur noch DM 650,- Unterhalt (und nicht mehr die Miete).

Sonja litt unter der Trennung. Sie litt auch wegen der Kinder, die oft große Schwierigkeiten bei den Besuchen des Vaters machten oder den Vater nicht besuchen wollten.

Ein Jahr nach der Trennung kam Günther noch einmal zur Familie zurück.

«Er sagte, daß er alle Verbindungen abgebrochen hätte, mit der Dame, aber das war gelogen. Ich war ja nun berufstätig im Kindergarten, und er wollte, ich sollte mit der Berufstätigkeit aufhören. Er fühlte sich hier nur als Hausmann, und es würde ihm alles zuviel, es würde ihm stinken. Da habe ich gesagt, daß ich die Berufstätigkeit nicht aufgebe, weil ich nicht wüßte, wie lange er überhaupt hier ist. Er war sehr ärgerlich deswegen, und es gab auch ziemlichen Krach.

Nach 'ner kurzen Zeit, nach vier oder fünf Wochen, ist er wieder abgehauen.»

Vier Jahre nach der Trennung reichte Günther den Antrag auf Ehescheidung ein. Mit dem Scheidungsverfahren verschärften sich die Spannungen zwischen dem Ehepaar. Günther mußte plötzlich feststellen, daß Sonja auch eine eigene Meinung hatte.

«Ja, ich habe mir nichts mehr gefallen lassen. Er wollte mich immer wieder rumkriegen, daß ich doch zu allem ja und amen sagte. Er wollte nicht, daß ich mich wehre und daß ich auch möglichst keinen Anwalt nehme, damit alles so nach seiner Nase ging. Das machte ich aber nicht mehr, ich hatte da mittlerweile auch meinen eigenen Standpunkt. Als ich den Brief von seinem Anwalt bekam, habe ich dann selbst einen Termin bei einem Anwalt genommen.»

Aus den Spannungen war inzwischen Kampf geworden. Günther wollte plötzlich die Kinder haben. Er, der sich in den letzten 12 Jahren herzlich wenig um die Kinder gekümmert hatte! Die Begründungen waren abenteuerlich: Günther meinte, er habe andere (und bessere) Erziehungsprinzipien als seine Frau, und er könne die Kinder besser zu geistigen und kulturellen Bereichen hinführen als sie. Zum Beispiel höre sein Sohn (damals sieben bis acht Jahre alt) bei ihm häufig die Oper «Die Zauberflöte», bei der Mutter würden die Kinder dagegen viel Fernsehen gucken und Schlager hören. Seine Frau könne die Kinder nicht richtig erziehen, vor allen Dingen, weil sie so großen Wert darauf lege, berufstätig zu sein.

Gleichzeitig trug Günther jedoch vor, seine Freundin sei Lehrerin (wolle auch weiter berufstätig bleiben) und sei deshalb zur Erziehung der Kinder weit besser geeignet als seine Frau.

«Ja, er meinte, die Dame sei Lehrerin, die würde den Kindern auch noch mehr beibringen, gerade der Großen, weil sie schulisch immer Probleme hatte. Außerdem wäre ich auch nicht gebildet genug, ich wäre dumm in seinen Augen und hätte auch nicht so 'ne Position wie seine Freundin jetzt. Schließlich hätten die Kinder dann auch wieder eine volle Familie. Ich wäre ja nur 'ne Teilfamilie.»

Nach sehr ausführlichen Ermittlungen hat sich das Jugendamt, das sehr eingehend den Vater, sehr eingehend die Kinder und auch die Mutter gehört hatte, dahin geäußert, es neige mehr dahin, die elterliche Gewalt über die Kinder der Mutter zu übertragen. In erster Linie deshalb, weil es im Interesse der Kinder sei, daß sie dort, wo sie nun einmal waren, wohnen bleiben und auch dort weiterhin zur Schule gehen könnten.

Das Gericht hat sich dieser Meinung des Jugendamts angeschlossen und auf eine entsprechende Vereinbarung der Parteien gedrängt. Günther erklärte sich dann schließlich – wenn auch widerstrebend – damit einverstanden, daß die elterliche Gewalt über die Kinder auf Sonja übertragen würde.

Der Kampf ging auch ums Geld. Sonja war ein Jahr vor dem Scheidungsverfahren arbeitslos geworden – da der Kindergarten sich verkleinert hatte –, ohne daß Günther einen Pfennig mehr gezahlt hätte. Inzwischen hatte Sonja wieder eine Teilzeitstelle als Bürogehilfin gefunden und verdiente monatlich DM 736,-. Natürlich brauchte sie zusätzlich Unterhalt von ihrem Mann.

«Für mich selbst wollte er möglichst gar nichts bezahlen. Er war so sauer auf mich, weil ich nun meinen eigenen Standpunkt vertrat.»

Die Parteien haben ziemlich lange darum gestritten, wieviel der Ehemann für die Frau zahlen muß. Er selbst bezog ein Nettogehalt von ungefähr DM 2200,-. Er machte geltend, daß davon noch ein Kredit in Höhe von DM 291,- abgezogen werden müsse. So stand lediglich fest, daß er nach den damals geltenden Tabellen für jedes Kind einen monatlichen Unterhalt von DM 280,- zahlen sollte. Dazu hatte Günther sich auch verpflichtet.

Das Einkommen von Sonja in Höhe von DM 736,-, das sie als Bürogehilfin und Teilzeitkraft bezog, wurde ihr voll angerechnet. Günther verpflichtete sich bei dem Scheidungsfolgenvergleich, an Sonja DM 276,- Unterhalt zu zahlen. Sonja erhielt also insgesamt 2 × DM 280,- für die Kinder = DM 560,-. Günther war berechtigt, das halbe Kindergeld abzuziehen in Höhe von damals DM 65,-. Damit verblieben noch DM 495,- Unterhalt für die Kinder. Dazu bekam Sonja einen Unterhalt von DM 276,- für sich selbst.

Hätte Sonja kein Einkommen gehabt, so hätte Günther zwei Fünftel des Restnettoeinkommens (= Einkommen ./. Kredit ./. Kindesunterhalt) an Sonja zahlen müssen. Das wären im vorliegenden Fall DM 540,- gewesen.

Schließlich gab es auch Kampf um die Wohnung, in der Sonja mit den Kindern wohnte. Die Kinder sollten möglichst in der gewohnten Umgebung bleiben. Außerdem war es eine preisgünstige Landesbedienstetenwohnung.

Nach langem Hin und Her ist es schließlich mit Hilfe des Gerichts gelungen, Günther dahin zu bringen, seiner Frau und den Kindern die Wohnung zu überlassen. Zunächst hatte er vor, darauf nicht zu verzichten, da er nämlich sonst selbst keine Wohnungsfürsorge vom Land mehr erhielt. Er sah nur schwer ein, daß es für ihn ein kleineres Opfer war, auf diese Wohnungsfürsorge zu verzichten, so daß die Ehefrau mit den Kindern in dieser Wohnung bleiben konnte.

Die Alterssicherung für Sonja wurde – zum Glück – von «amts wegen» vom Gericht geregelt. Sonja hatte nach Auskunft der Bundesversicherungsanstalt für Angestellte in Berlin auf Grund ihrer bisherigen Tätigkeiten eine Rentenanwartschaft von DM 45,70. Im Wege des Versorgungsausgleichs – nach zwölf Ehejahren – mußte dann Günther von seinen Pensionsansprüchen DM 266,06 an Sonja abgeben, die diesen Betrag auf ihrem Rentenkonto bei der BfA in Berlin gutgeschrieben erhielt. Sonja hat also zur Zeit eine Rentenanwartschaft von insgesamt DM 311,76.

Wie ging es nach der Scheidung weiter? War das eine gewisse Beruhigung, oder war das erst mal ein Tief?

«Es war denn so, daß ich durch die sehr große Belastung des Scheidungsverfahrens meine Arbeit verloren hatte. Ich war doch sehr deprimiert und auch nervlich ziemlich runter. Andererseits muß ich im gleichen Atemzug sagen, daß ich auch froh war, daß alles geklärt war, daß diese schmutzige Wäsche gewaschen war, die leider doch immer noch aufgetreten war, und daß Vorwürfe und Haßgefühle langsam abgebaut wurden. Die Kinder waren in der Zeit, als die Scheidung lief, sehr unruhig, vor allem, weil sie nicht wußten, wo sie nun wirklich blieben. Darunter haben die Kinder sehr gelitten und ich selbst auch, weil ich mir sagte, die Kinder können jetzt nicht noch mal im Stich gelassen werden. Ich wußte ja nie, auch wenn er die Kinder kriegte, ob sie es durchhalten bei ihm, weil sie nicht zu ihm wollten und weil sie auch nicht seine Freundin akzeptierten. Nachdem alles geklärt war, kam nun doch eine große Beruhigung.»

Sonja war wieder arbeitslos. Das Arbeitsamt empfahl eine Weiterbildung.

«Jetzt setze ich mich noch mal für neun Monate auf die Schulbank und will versuchen, den Abschluß zu kriegen. Stenokontoristin soll ich dann werden. Es macht Spaß, aber es ist sehr anstrengend. Es sind jeden Tag sechs Stunden Schule, und man muß doch sehr viel zu Hause sich erarbeiten. Insofern bleibt weniger Zeit für einen selbst, auch für die Kinder ist ein bißchen weniger Zeit. Aber die finden es auch so ganz gut, weil sie dann später auch wieder was davon haben. Wenn ich wieder Arbeit habe, dann habe ich ja wieder mehr Zeit. Aber die Kinder stehen noch immer an erster Stelle, trotz des Lehrgangs.»

In ihren alten Beruf konnte Sonja nicht zurückkehren, weil alle Stellen überfüllt waren. Außerdem gab es dort kaum Teilzeitplätze. Sonja wollte aber auf jeden Fall in Teilzeit arbeiten, bis die Kinder 15 oder 16 Jahre alt sind.

Warum möchten Sie gern berufstätig sein? Weil Sie vom Unterhalt Ihres Mannes nicht leben können?

«Das Finanzielle spielt eine große Rolle. Ich könnte vom Unterhalt meines Mannes nicht leben. Aber vor allem ist es für mich persönlich, daß ich weiterkomme, daß ich beweisen kann, daß ich doch nicht ganz so dumm bin, wie man mich immer hinstellt ...»

Was heißt hier «man»?

«Wie mein Mann es vorher immer gesagt hat. Der Beruf ist für mich selbst noch mal eine Bestätigung. Ich möchte mir ein ganz neues Leben – auf gut deutsch – wieder aufbauen, so daß ich sagen kann, so, das hast du jetzt erreicht, und vielleicht schaffst du es auch, daß du eine gute Arbeit kriegst, so daß dann das Finanzielle auch mehr und mehr abgesichert ist.»

Ich frage Sonja zum Schluß, was sie anders machen würde, wenn sie noch einmal die letzten zwölf Jahre zurückdrehen könnte:

«Ich würde auf alle Fälle unbeirrbar, ganz gleich vom Partner oder irgendwelchen anderen Situationen, versuchen, einen Beruf zu nehmen und mich weiterzubilden, so daß ich da wirklich unabhängig bin. Ich würde den Partner sogar sausen lassen, wenn er damit nicht einverstanden wäre.»

Gesine N., 40 Jahre alt, 4 Kinder, geschieden

Gesine ist gelernte Chemielaborantin – mit 23 Jahren heiratete sie Udo – nach vier Jahren Ehe wurde Heiko geboren – zwei Jahre darauf kam Ina – drei Jahre später Rolf und schließlich, ein Jahr darauf, Kai – als Gesine 36 war, trennte sie sich von Udo – drei Jahre später wurde die Ehe geschieden.

Gesine wuchs mit zwei Schwestern und drei Brüdern auf. Sie war die Zweitälteste, zierlich und klein und ein wenig im Schatten der ältesten Schwester, die «sehr schön und sehr diplomatisch war und der Liebling der Eltern und aller Verwandten». Die Familie – die früher in Ostpreußen ein Gut hatte – war von dort geflüchtet und in Norddeutschland gelandet. Die Flucht hatte sie arm gemacht; der Vater schlug sich mühsam als Vertreter durch. Die Mutter erzog die sechs Kinder mit großer Strenge. Bei den Kindern hieß der Teppichklopfer «Kinderklopfer».

Gesine wollte gern die Oberschule besuchen, aber die Mutter hielt das für überflüssig.

«Meine Schwester kam zu Anfang auf die Oberschule. Sobald sie aber die ersten Schwierigkeiten hatte, kam sie runter auf die Realschule, und ich kam von vornherein auf die Realschule. Meine Mutter sagte, du heiratest doch. Mädchen brauchen keine Oberschule, irgendein Beruf genügt, um dann zu heiraten.»

Und wie war es bei den Brüdern?

«Die Brüder – wir Mädchen fanden sie nicht so intelligent –, der älteste hat also drei Jahre lang versucht, sein Abitur zu machen mit allen möglichen Hilfsmitteln, um dann doch zu scheitern. Der zweite hat die Hauptschule besucht und hat dann Gärtner gelernt und später erst seine Mittlere Reife nachgeholt und auch Gartenbauarchitektur studiert. Der jüngste hat auch die Hauptschule besucht und dann die Schiffsjungenschule, ist dann irgendwann Kapitän geworden, und heute studiert er auch.»

Und wie war damals Ihre eigene Vorstellung von einem späteren Beruf?

«Ich weiß es gar nicht. Ich hatte erst gar keine Vorstellung von einem Beruf. Ich wußte nicht, was ich werden sollte. Ich wollte Bordfunker werden, irgendwas Männliches, aber das war einfach nicht drin. Ich habe damals eine Lehrstelle gesucht als Tischler, weil ich gern Innenarchitektin geworden wäre. Aber es gab keine Lehrstellen als Tischler für Mädchen, weil man ja noch die getrennten Toiletten- und Umkleideräume brauchte. Und dadurch mußte ich das fallenlassen. Meine Mutter wollte unbedingt, daß ich Kindergärtnerin werde, und da bin ich aus Trotz Chemielaborantin geworden. Zur Ausbildung wollte ich eigentlich nach Kiel aufs milchwirtschaftlich-technische Institut. Ich dachte mir das ganz gut so, mit Milch und Butter und Käse zu arbeiten, Untersuchungen und Forschungsergebnisse und so was. Dann war meine Mutter dagegen, weil das Geld kostete. Ich hätte also zusätzlich was gekostet. Da hat sie mich dann angemeldet in einer Chemiefabrik in Oberhausen. Da ich ja gehorsam war, habe ich das gemacht. Sich aufzulehnen gegen meine Mutter, das war einfach nicht drin, ich kriegte mit 18 praktisch noch Prügel.»

Die Chemie lag Gesine nicht sonderlich und machte ihr wenig Spaß. Aber aus Pflichtgefühl fand sie, «was man anfängt, muß man auch durchhalten», und machte selbstverständlich die Abschlußprüfung als Chemielaborant vor der Industrie- und Handelskammer. Ansonsten lebte sie relativ zurückgezogen. Sie war scheu und hatte deshalb keine Freunde, mit denen sie flirtete oder tanzen ging. Als sie 21 war, lernte sie Udo kennen.

«Das war in der Chemiefabrik, in der ich lernte. Er war Werkstudent. Ich war wohl immer sehr sozial eingestellt oder sehr mitfühlend trotz aller Strenge, und er machte so den Eindruck, ich bin von allen verlassen, mich mag keiner gern. Ich habe mich da halt um ihn ein bißchen gekümmert. Auf der anderen Seite hat er mir damals geholfen, Werksberichte zu schreiben, die mir nie Spaß gemacht hatten.»

Wie ging diese Beziehung mit Ihrem Mann weiter?

«Ja, meine Mutter fing dann an: was ziehst du mit dem Kerl rum, da mußt du doch heiraten, man kann doch nicht so mit 'nem Mann rumziehen. Und da fing sie an, mich zu beschimpfen, ich wär ein Flittchen, ich weiß nicht, es war ganz arg, Absteigequartier und Worte fielen da, die waren ganz schlimm.»

Fast aus Trotz verlobten sich Gesine und Udo heimlich. Aber sicher war es mehr als Trotz, das sie zusammenführte.

«Auf der einen Seite war es wohl Mitleid, das ich mit ihm hatte, weil er Halbwaise war, seine Mutter war gestorben. Da fühlte ich mich also angesprochen, die mitleidige Seele in mir. Auf der anderen Seite war er der erste Mann, der in meinem Leben gesagt hat, du hast so schöne Augen, oder, du bist schön. Also das hatte mir bis dahin nie einer gesagt. Vielleicht kam auch der Wunsch dazu, mit einem Mann zu schlafen, die Erziehung aber dagegen war, es zu tun, ohne verheiratet zu sein. Wir hatten vor der Ehe nie sexuelle Beziehungen gehabt zueinander, wir waren wirklich unbeschriebene Blätter, beide.»

1963 – Gesine war 23 – heirateten sie. Gesine wußte, daß die erste Zeit der Ehe nicht leicht werden würde, denn Udo studierte noch und ließ oft den Mut sinken. Es wurde schwerer, als sie dachte.

«Ich wußte, daß ich die ersten Jahre auf jeden Fall Geld verdienen mußte, damit er weiterstudieren kann und endlich fertig wird. Denn er wollte damals unbedingt das Studium aufgeben und zur See, weil ihm ja niemand hilft, dem Armen. Schon während meiner Zeit in Oberhausen habe ich ihm dann viel Laborgeräte besorgt und so was alles – er war damals Chemiestudent. Und als wir dann heirateten, sagte er, ‹also im Frühjahr mache ich mein Diplom›. Plötzlich schob er das immer raus, nach der Hochzeit, immer weiter raus und immer raus. Und dann hat's also praktisch vier Jahre gedauert, bis er das Diplom gemacht hat und dann noch mal ein paar Jahre, bis er endlich seinen Doktor hatte.»

Gesine arbeitete weiter als Chemielaborantin und verdiente das Geld für beide. Vier Jahre nach der Hochzeit kam der erste Sohn – Heiko – zur Welt. Udo hatte gerade sein Diplom bestanden und eine Assistentenstelle bekommen. Er bekam sein erstes Gehalt, als Gesine ihr letztes bekam. Denn natürlich hörte sie nach dem Baby auf zu arbeiten. Udo bestand darauf – sie sollte Mutter sein und das Kind hüten.

Wie war das bei Ihnen? Ist Ihnen das leichtgefallen, Ihren Beruf aufzugeben?

«Zu Anfang fand ich das selbstverständlich. Ich fand es auch schön. Aber ich hab sehr große Schwierigkeiten mit dem Säugling gehabt. Mich da hineinzufinden, jetzt ein Kind großzuziehen, mit Haushalt und Kind so ganz ausgefüllt zu sein, das war für mich wahnsinnig schwer.»

War es für Sie ein Problem, kein eigenes Geld mehr zu haben?

«Zu Anfang nicht. Ich hatte mein Geld nie als *mein* Geld gesehen, es war immer *unser* Geld gewesen. Aber plötzlich wurde es anders. Es war der Mann, der das Geld verdiente und es auch mehr oder weniger wieder ausgab. Das war seltsam: Solange ich verdiente, hatten wir nicht genug, damit ich mir Kleider kaufen konnte. Das Geld reichte immer so gerade hin für Miete und Studienkosten. Und als er dann verdiente, dann kaufte er mir die Kleider. Das weiß ich heute noch, nach dem zweiten Kind waren wir in einem Geschäft, und er suchte Kleider für mich aus, das fand ich so furchtbar. Er hat so einen ganz anderen Geschmack. Ich sagte dann, ich mag das lieber, etwas mehr saloppes, einfach was hängt, und er wollte aber die schmale Taille betont haben, und dann so 'n blumiges Muster und so. Und ich zog dann nach Hause mit so Kleidern, die ich nicht mochte, die hingen jahrelang im Schrank. Ich trug dann Jeans.»

Sie haben die Kleider genommen, die er für Sie ausgesucht hat?

«Ja, weil er es bezahlt hat, so ungefähr. Also das war sehr deutlich. Ich hatte auch nicht mehr das Gefühl, ich kann so frei über das Geld verfügen wie vorher. Denn er betrachtete sich doch als den Verdiener und das Geld als sein Geld.»

Und wie war es mit finanziellen Entscheidungen, die anstanden?

«Meistens haben wir zusammen entschieden, denn im Grunde genommen war ich der bessere Finanzier. Das hat er wohl auch eingesehen. Ich hatte auch freie Verfügungsgewalt über das Konto, aber wohl nur, weil er wußte, daß ich nie was für mich verbrauchte und sehr sparsam war. Und wenn größere Anschaffungen waren, dann habe ich versucht, das zusammenzukratzen oder zu sparen. Er wußte meist auch nicht, was auf dem Konto war. Aber wehe, wenn es nicht genug war für irgend 'nen Wunsch, den er hatte. Er hatte so ein Faible für Maschinen, Bohrmaschinen, Zusatzgeräte. Dann fiel ihm plötzlich auf, ein Zusatzgerät, das ist ja blöd, ist ja doch besser, man hat für jedes auch 'ne eigene Maschine. Dann fing er an, sich die eigenen Maschinen zu kaufen, Kreissägen, Laubsägen, und verschenkte dann die alten Maschinen, die fast ungebrauchten.»

Wie stand es mit Ihren Wünschen?

«Ich weiß nicht, ich glaub, ich hatte damals nicht viele Wünsche. Eines Tages habe ich durchgesetzt, daß ich ein Taschengeld beanspruchen darf. Wir hatten nämlich 'ne sehr schöne Buchhandlung in dem Dorf, in dem wir wohnten. Und weil ich nun nicht ins Theater konnte und ins Konzert vor allen Dingen – Ina war schon auf der Welt – habe ich gesagt, ‹du, irgendwo muß ich Bildung haben›. Und ich hab für mich selber 30 Mark im Monat immer abgespart und hab gesagt, das ist mein Geld, das geht in die Buchhandlung. Und damit ich das ja nicht aus Versehen in den Haushalt stekke, habe ich es immer der Buchhandlung sozusagen im voraus gegeben und mir ein Konto verschafft.»

Im übrigen waren die Rollen in der Ehe für Gesine und Udo streng geteilt. «Kinder sind Mutters Sache, Erziehung ist Mutters Sache», erinnert sich Gesine – den Haushalt erledigte sie «nebenbei». Udo war für den Haushalt nicht zuständig. Er beteiligte sich noch nicht einmal an der Erziehung der Kinder. «Das hat er richtig abgelehnt, das war in seinen Augen eine Art Mutterprivileg.»

Die Ehe lief, weil Gesine wollte, daß sie lief. «Eine gute Ehe, das hielt ich immer für *meine* Aufgabe», sagt Gesine heute. Für sie war eine Ehe dann gut, wenn der Mann zufrieden war. Udo war ein zutiefst unzufriedener Mensch. Aber Gesine tat alles, um ihm Zufriedenheit zu geben. Sie fühlte sich dafür verantwortlich, daß Udo lächelte und fröhlich war. Kein Wunder, daß eine solche Ehe voller Spannungen war.

«Die Ehe kriselte praktisch von dem Tag, an dem ich heiratete. Ich weiß noch, ich stand im Standesamt und dachte plötzlich, wenn ich nur jetzt nein sagen könnte! Wer hilft mir, daß ich nein sagen kann! Ich hatte plötzlich Angst zu heiraten. Ich dachte, o Gott, wenn ich jetzt heirate, dann muß ich diesen Mann ein Leben lang mit mir rumschleppen. Ich hab wirklich ‹schleppen› gedacht. Und dann habe ich doch ja gesagt. Ja, und dann habe ich mir eben viel Mühe gegeben, die ersten Jahre. Aber schon bevor ich ein Kind hatte, waren wir in ganz starken Krisen, weil ich immer das Gefühl hatte, ich schleppe ihn. Ich weiß nicht, er lud so die ganze Verantwortung, seinen ganzen Seelenkummer auf mir ab, ich trug den mit. Dann fiel ich sehr oft in Ohnmacht, und ich wußte nicht warum. Ich mußte zum Arzt, und der behandelte mich auf Kreislaufstörungen. Bis mir eines Tages ein Arzt Librium verschrieb. Ja, und dann wurde ich wieder 'ne gute Ehefrau mit Librium, davon wird man ja apathisch. Und dann fing ich an, fürchterlich rumzuschimpfen, so alle acht Wochen kriegte ich 'nen Rappel. Und dann hab ich gesagt, ich will nicht mehr, ich halt das nicht aus, du tust überhaupt nicht richtig was. Du kümmerst dich überhaupt nicht um eine Gemeinsamkeit und daß wir was gemeinsam machen, das liegt nur auf mir. Dann schwieg er eben einfach, strafte eigentlich oft nur mit Schweigen. Das hab ich nicht vertragen, dann kam ich auf Knien angekrochen, sozusagen, nur damit er wie spricht, und habe gesagt, entschuldige bitte, daß ich explodiert bin, es war vielleicht nur ein bißchen viel, sei wieder gut und red wenigstens mit mir. Das ging so jahrelang. Ich hätte damals sehr gern gehabt, daß wir Freunde hätten, einfach so, Studienkollegen oder so. Aber mein Mann war eigentlich immer ein Eigenbrötler und lehnte das voll ab. Mal auszugehen oder mit mir wegzugehen, das wollte er nicht. Wir lebten also vollkommen isoliert. Das war für mich mit das schlimmste in der ganzen Ehe, diese Isolierung, diese reine Zweisamkeit war furchtbar.»

Konnten Sie den miteinander reden? Damit meine ich, Konflikte sehen und irgendwie gemeinsam zu lösen versuchen?

«Ich habe vielleicht die Konflikte erkennt, aber mein Mann weigerte sich, Konflikte zu sehen. In einer guten Ehe gab es seiner Meinung nach keine Konflikte, und deswegen weigerte er sich ganz einfach. Wenn ich anfing zu toben, dann war ich eben das arme Kind, das mal aus der Rolle fällt. Da wurde ich höchstens mal gestreichelt, wenn überhaupt, oder eben mit Nichtachtung gestraft, bis ich wieder zur Vernunft gekommen war. Vielleicht fühlte ich mich auch schon schuldig, weil ich innerlich immer wieder ablehnte oder weil ich dann schmipfte. Ich sagte, ich will nicht mehr, ich will nicht mehr, und dann fühlte ich mich einfach schuldig und war um so netter hinterher.»

Die Spannungen zwischen den Eheleuten zeigten sich auch in ihrer sexuellen Beziehung. Keiner von beiden fand Erfüllung in der gemeinsamen Sexualität. Udo fand's nicht so schlimm. «80% der Frauen haben ohnehin keine sexuelle Erfüllung», sagte er, «das muß auch gar nicht sein für eine Frau.» Gesine glaubte ihm. Sie hatte auch keine Freundin in der Gegend, in der sie wohnten, mit der sie hätte sprechen können. Sie ging zu einem Facharzt. Der tröstete sie damit, daß derartige Probleme in jungen Ehen eben vorkämen, sich aber doch nach mindestens zwei bis drei Jahren dann legten ...

Plötzlich geschah etwas, das Gesine in ihrem opferbereiten und selbstlosen Dasein als Ehefrau ein wenig die Augen zu öffnen begann: Udo nahm eine neue Stellung an und ging nach Kassel. Es dauerte eine Zeit, bis er für die Familie dort eine Wohnung fand. Für eine Weile führten Gesine und Udo eine Wochenendehe.

«Ich fühlte mich so richtig wohl, ich fühlte mich eigentlich richtig zufrieden, mit mir allein und den Kindern. Damals war ich schon wieder schwanger mit dem vierten, und eigentlich hätte ich den Zustand noch lange aushalten können, ich alleine in der einen Ecke und er weit weg. Und eine Freundin von mir, die im gleichen Haus wohnte, sagte ‹du bist so bedrückt – kommt er am Wochenende?› oder ‹du bist überhaupt nicht bedrückt – er kommt wohl nicht?› ‹Doch, er kommt, aber ich hab meine Tage.› Das ist ausgesprochen bezeichnend gewesen für diese Zeit.»

Gesines Ich war wach geworden. Sie hatte auch ein bißchen Glück: In Kassel fand sich eine Wohnung in einem Hochhaus mit vielen Familien und Frauen, zu denen sie sofort Kontakt fand.

«Das vierte Kind kam dann in Kassel, aber die Zeit war eben doch zu schön gewesen in Steinach, dieses plötzlich selbständig und für sich ganz alleine sein. Und hier in Kassel habe ich dann in unserem Hochhaus gesehen, wie andere Ehepaare miteinander verkehren. Wie Frauen plötzlich dastanden und sagten, ja, mein Mann müßte sich entschuldigen, wenn er zu spät zum Essen kommt und mich dann warten läßt – schließlich habe ich gearbeitet! Und da ist mir zum erstenmal aufgegangen, daß ich ja auch arbeite, daß Haushalt also nicht Spiel ist und so nebenbei erledigt zu sein hat, sondern auch Arbeit war. Und plötzlich merkte ich, daß das nirgends Anerkennung fand, höchstens wenn's mal nicht gemacht war. Und da kam wohl bei mir dieser arge Leidensdruck, daß ich dachte, was soll das ganze Leben. Mit vier Kindern war ich sehr stark belastet, der Kleine war damals krank und schrie ewig. Wenn ich sagte, komm doch bitte früher nach Hause, damit ich mal in Ruhe aufs Klo gehen kann, ganz in Ruhe mal auf dem Klo sitzen und pinkeln kann! Dann kam er nur noch später nach Hause. ‹Meinst du›, sagte er, ‹die Arbeit würde mir Vergnügen bereiten? Und die schreienden Kinder regen mich sowieso auf!› Und da sagte ich – ich habe das schreiende Kind 22 Stunden täglich, und du weißt selbst, wie anstrengend das ist, wenn ein Kind schreit. Ich war eigentlich nur 'ne bessere Haushälterin, 'ne schlechtere sogar, 'ne unbezahlte Sklavin.»

Gesine fing an, um ein klein wenig Eigenleben zu kämpfen. Aber das war schwer. Udo legte ihr Steine in den Weg, wo er nur konnte. Trotzdem: Gesine rang um jeden Schritt.

«Ich hatte Geld von einer Tante bekommen. Und das erste, was ich machte, ich kaufte mir ein Konzert-Abonnement, damit ich gezwungen war, an einem bestimmten Tag weg zu sein. Das hat er sehr schlecht verkraftet. Überhaupt jeden Schritt zu mir selbst, den hat er eigentlich bestraft, indem er dann anfing zu trinken, oder sagte, die Kinder haben die ganze Nacht geschrien, obwohl das überhaupt nicht wahr war. Oder – ich würde ihn als Babysitter mißbrauchen. Da habe ich ihm einen Babysitter in die Wohnung gesetzt, obwohl er zu Hause war. Das fand er dann auch wieder nicht richtig. Aber ich fing an, mich zu wehren. Einfach zu sagen ‹ich will›. Und meiner Meinung nach durch die Frauen im Haus, durch das Vorbild der anderen Frauen, die auch taten, was sie wollten. Und ich sah, daß die anderen Männer Mülleimer runtertrugen und einkaufen gingen und die Kinder wickelten, und mein Mann sagte immer, dreckige Windeln faß ich nicht an.»

Gesine brach fast zusammen. Ihre Eheprobleme schienen unlösbar. Dazu die vier kleinen Kinder, die mehr als ihre ganze Kraft in Anspruch nahmen. Obwohl es inzwischen vier waren, lehnte Udo nach wie vor jede Beteiligung an Haushalt und Kindern ab.

«Selbstverständlich waren die Kinder voll und ganz meine Sache. Bevor ich ins Konzert ging, hatte ich die Kinder gewaschen, gebadet, gegessen, im Bett mit Geschichte. Kriegte immer so in letzter

Minute meinen Bus. Das Auto wagte ich schon gar nicht mehr zu nehmen für die Fahrt. Dann nahm ich den Stadtbus oder das Fahrrad und kam mit fliegenden Fahnen in der Konzerthalle an und schlief dann bei Mozart ein. Müde, absolut übermüdet. Also sich mit Ruhe auf ein Konzert vorbereiten – das war nicht drin. Das war 'ne Zeit, da schlief ich auf dem Teppich ein, obwohl die Kinder um mich herum tobten, so müde war ich.»

Je mehr Gesine begann, ihre eigenen – bescheidenen – Wege zu gehen, um so schlimmer reagierte Udo. Er fing immer mehr an zu trinken und drohte häufig mit Selbstmord. Aber Gesine wollte nicht mehr.

«Dann hab ich eines Tages gesagt, ich will nicht mehr mit dir zusammen leben, du mußt ausziehen, du wirfst mir und den Kindern dauernd vor, du kannst dich nicht habilitieren und nicht arbeiten, weil wir dich stören und behindern. Ich such dir 'ne Wohnung, wir richten sie ganz gemütlich ein, und du kannst dann in Ruhe dich habilitieren. Du kannst kommen, wann du willst und wenn du Lust auf die Familie hast, und wenn nicht, dann bleib lieber, deine Unzufriedenheit will ich nicht immer sehen. Und mir wäre das ganz recht, wenn du nur kommst, wenn du uns sehen willst. Wir werden schon allein zurechtkommen. Wenn du dich habilitiert hast, dann können wir über die Sache noch mal sprechen, ob wir zusammen leben wollen oder nicht.»

Und wie hat er auf diesen Vorschlag reagiert?

«Mit einer ganz starken Krise. Er trank dann so viel, daß ich eines Tages wirklich Angst um ihn hatte. Die ganzen äußeren Anzeichen sahen so nach Selbstmord aus, da habe ich den Notarztwagen bestellt und hab ihn in die Klinik bringen lassen. Er hatte damals zwei Flaschen Schnaps auf einmal im Bauch, und dort haben sie ihn drei Tage später wieder entlassen. Da war ich voller Angst, denn er war ziemlich aggressiv geworden. Als sie ihn abholten, hatte er angefangen, ziemlich viel zu demolieren in dem Rauschzustand, vor allem in dieser Bedrängnis, in dieser Angst, ganz verlassen zu sein. Daß er sich auch nicht mehr an mich klammern konnte und ich plötzlich nicht mehr diese Schuldgefühle tragen wollte. Er sagte mir, ‹ich trinke, weil du so bist›, – da hab ich gesagt, ‹du trinkst, weil du es willst, nicht weil ich so bin›. Das hat er nicht verkraftet.»

Gesine suchte eine Wohnung für Udo, unterschrieb den Mietvertrag und richtete die Wohnung ein. Sie wollte, daß er es dort gemütlich haben sollte und bot ihm an, Sachen und Möbel nach seinen Wünschen aus der Ehewohnung mitzunehmen. Am 1. Dezember 1976 zog

Udo in seine neue Wohnung. Gesine war voller banger Sorge und Angst um Udo. Konnte sie ihn überhaupt allein lassen?
Schon drei Wochen später bekam Gesine einen Brief von ihm. Astrid, eine frühere Freundin von Gesine, hatte mit Udo in dessen neuer Wohnung Kontakt aufgenommen.

«Er schrieb mir, wenn du dich ändern würdest, würde ich wieder mit dir zusammen leben. Auf der anderen Seite sehe ich, daß Astrid meinen Vorstellungen und Erwartungen von einer Ehefrau viel mehr entspricht als du.

Weihnachten kam er dann zu uns zu Besuch. Das hatte ich ihm so gesagt, komm doch Weihnachten. Das erste, was er tat, er schmiß mir erst mal die Wäsche von ein paar Wochen ins Bad, daß man drübersteigen mußte. Und er kam da so hochfeierlich an, aber weder ein Blümchen noch irgendein Geschenk für die Kinder – nichts. Das war ein so deprimierendes Weihnachtsfest, so von wegen, ich bin ja so arm und verlassen. Ich weiß nicht, das war für mich so der Schlußpunkt. Deswegen habe ich auch die Vergleiche mit der anderen Frau eigentlich nicht als schlimm empfunden, sondern nur noch als Befreiung.»

Die Zeit der Trennung wurde schlimm. Aus Udos Gefühlen zu Gesine wurde Haß. Solange sie zusammengewesen waren, hatte sich Udo an Gesine geklammert. Jetzt haßte er sie. Er wollte Gesine bestrafen – und er hatte die Machtmittel dazu. Das erste war ihre Kontovollmacht, die er sofort entzog. Gesine sollte ab sofort um jeden Pfennig bitten müssen. Er verlor seine Stellung. Gesine geriet in Panik. Sie wußte nicht, wie sie demnächst die vier Kinder ernähren sollte. «Hast du beim Arbeitsamt angerufen wegen der Arbeitslosenunterstützung?» fragte sie ihn. Er bewarf sie mit Schmutz: «Du hast es ja so haben wollen, sieh zu, wie du fertig wirst. Laß dir doch die Kinder von deinen Freunden ernähren, von denen du sie hast. Oder nimm dir doch die Männer von der Bushaltestelle zum Bumsen, du hast ja jetzt deine Freiheit, tu doch, was du willst.»

«Ich glaube, er fühlte sich unheimlich dadurch getroffen, daß ich niemanden hatte, also einfach allein sein wollte. Es wäre für ihn leichter gewesen, wenn ich ihn durch einen anderen Mann ersetzt hätte. Dann hätte er mir wenigstens was vorwerfen können – so konnte er mir nichts vorwerfen, und das war für ihn ganz schlimm.»

Ende des Jahres 1977 wurde Udo arbeitslos. Am 1. Januar 1978 erhielt Gesine keinen Pfennig. Udo verweigerte jede Auskunft, ob und wieviel Geld er bekam oder erwartete. Gesine lief von Amt zu Amt. Schließlich landete sie beim Sozialamt. Die gaben ihr nur Unterstützung, wenn sie gleichzeitig Udo auf Unterhalt verklagte. Das tat Gesine dann auch.

Anfang 1978 stellte sie den Antrag auf Ehescheidung beim Familiengericht. Gleichzeitig bat sie wegen des Unterhalts um Erlaß einer einstweiligen Anordnung. Im Wege der Stufenklage sollte Udo zunächst Auskunft über sein Einkommen geben. Kurze Zeit später war Termin bei Gericht. Udo gab notgedrungen Auskunft. Er bekam ein Überbrückungsgehalt – brutto für netto – von DM 11 000,- für drei Monate. Danach Arbeitslosenunterstützung. Beides war ihm seit Monaten bekannt. Die Parteien einigten sich, daß Udo für die Dauer der Arbeitslosigkeit für Gesine und die Kinder DM 2000,- monatlich zu zahlen hatte. Später, als Udo wieder eine Anstellung bei einem Institut in der Nähe des Taunus gefunden hatte, schwankte der Unterhalt zwischen DM 1600,- und DM 1900,-. Gesine, die davon DM 800,- Miete für die Wohnung zahlen mußte, kam recht und schlecht über die Runden. Schmerzender als die ständige Geldknappheit war der zermürbende Kampf um jede Mark, die Udo mit immer neuen Begründungen vom Unterhalt abzog. Dabei kam er sogar auf die Idee, die Benzinkosten für die Besuche zu seinen Kindern in Rechnung zu stellen! Eines Tages blieb Gesine nichts anderes übrig, als im Verbund mit dem Ehescheidungsverfahren Klage auf Zahlung des vollen Unterhalts zu erheben. Sie mußte mit jedem Pfennig rechnen ...

Das demütigende Ringen um ein paar Mark mehr Unterhalt war nur die eine Seite des Kampfes, den Gesine seit der Trennung durchzustehen hatte. Schon etwa vier Monate nach seinem Auszug begann Udo einen Kampf gegen Gesine, der noch viel härter war: den Kampf um die Kinder. Udo, der in den zurückliegenden 14 Ehejahren nicht eine Minute Verantwortung für die Kinder übernommen hatte, wollte nun die Kinder für sich haben. Es begann mit Briefen, voller Haß und Schmutz gegen Gesine:

> «In dem einen Brief bin ich eine Frau, die den Kindern keinen Vater bieten kann, sondern allenfalls laufend neue Freunde. In dem anderen Brief bin ich psychisch defekt. Außerdem würde ich die homosexuellen Beziehungen unseres Sohnes zu dem Sohn meiner Freundin fördern. Nicht nur dulden, sondern sogar fördern! Im Grunde genommen beschimpft er mich da als Lesbe. Und im nächsten Brief schreibt er, er hätte nur ausziehen müssen, weil ich einen Hausfreund habe, und das fände er nicht gut für die Kinder. Dann schreibt er wieder, er will nicht, daß die Kinder in einem Haus groß werden, wo lauter kaputte Ehen drin sind. Dann schreibt er, ich würde die Kinder nicht ernähren außer mit Spaghetti und Ketchup,

ich würde sie nicht genug duschen und – ich weiß nicht – ich war plötzlich eine Nichtmutter.»

Derartige Schilderungen über Gesine hatte Udo inzwischen auch dem Jugendamt nahegebracht.

Mit Beginn des Ehescheidungsverfahrens wurde der Kampf um die Kinder härter. Gesine beantragte, das elterliche Sorgerecht über die Kinder ihr zu übertragen. Sie hatte die Kinder vom ersten Tag der Geburt an betreut und hatte eine innige Beziehung zu ihnen. Außerdem sah sie nicht den geringsten Grund, warum jemand die Kinder aus ihrer gewohnten Umgebung – Freunde, Nachbarn, Kindergarten, Schule – herausreißen und in den Taunus verpflanzen sollte. Schließlich konnte ja auch Udo die Kinder überhaupt nicht versorgen, da er ganztags berufstätig war.

Udo widersprach und beantragte das Sorgerecht für sich. Seine Begründungen verschlugen Gesine den Atem: Zu dem Vorwurf, sie sei keine gute Mutter und lasse die Kinder verwahrlosen, kam jetzt noch einiges hinzu: Gesine sei kein Hausmuttertyp und fühle sich als Hausfrau und Mutter nicht ausgefüllt. Sie besuche häufig kulturelle Veranstaltungen, sie hätte abendliche Ausgänge und Frauenzirkel, so daß die Zeit, in der sie sich um die Kinder kümmern kann, erheblich eingeschränkt sei. Schließlich aber die eindrucksvollste Begründung: Astrid, seine neue Lebensgefährtin (mit der er seit Sommer 1977 zusammen lebte), sei eine viel bessere Mutter als Gesine. Sie – die selbst zwei Kinder hat – habe ein besonders gutes Verhältnis zu seinen vier Kindern. Sie alle zusammen könnten endlich eine intakte Familie bilden. Bei Gesine dagegen könnten die Kinder nur in einer kaputten Familie leben ...

Das Jugendamt forschte gründlich. Es hörte Gesine, es hörte die Kinder, die Lehrer, es hörte Udo und Astrid. Alles wurde gründlich angeschaut, geprüft, erwogen. Die Stellungnahme des Jugendamts war eindeutig:

Die Kinder sollten bei Gesine bleiben. Alles war dort in Ordnung – so fand das Jugendamt. Den Kindern ging es gut, und sie wollten bei Gesine bleiben. Gegen eine Übertragung der elterlichen Sorge auf Udo sprach unter anderem auch die Tatsache, daß seine neue Lebensgefährtin schwer herzkrank (mit Schwerbehindertenausweis) und mit Sicherheit einem Acht-Personen-Haushalt nicht gewachsen sei.

Udo ließ nicht locker. Er zog härtere Register: Astrid sei zwar körperlich krank, aber Gesine sei psychisch gestört. Mit wachsender Sorge beobachtete er die ungünstige Entwicklung der Kinder seit der Trennung. Gesine vernachlässige die Kleidung der Kinder, die Kleidung sei zu klein, und die Wäsche würde zu selten gewechselt. Sie vernach-

lässige weiter die körperliche Reinlichkeit der Kinder, ein Kind habe Mundfäule. Dazu käme der völlige Verfall der Tisch- und Eßmanieren, ungeregelte Schlafzeiten und eine rückläufige Sprachentwicklung des Jüngsten. Die Tochter würde von ihren Klassenkameradinnen abgelehnt, der Älteste würde sich häufig selbst befriedigen, und ... und ... und ... Die Begründungen füllten Seiten um Seiten.
Gesine widerlegte Seite um Seite seine Vorwürfe. Sie fügte Listen über die Kleidungsstücke der Kinder bei und berief sich auf Stellungnahmen der Lehrer, die voll von Lob über die Kinder waren.
Nochmals bat das Gericht das Jugendamt um Stellungnahme. Wieder kam das Jugendamt ohne jeden Zweifel zu dem Ergebnis, die Kinder sollten bei der Mutter bleiben. Die Kinder hatten in Kassel ihre Lebensbezüge aufgebaut und wollten dort und bei der Mutter bleiben.

Wie haben die Kinder reagiert auf die Nachricht, daß ein Kampf um sie entstanden war?

«Zu Anfang hatten sie kaum gemerkt, daß der Vater weg war, und haben das wohl genossen, wenn er kam. Als dann der Streit anfing, wurde es dann bald ziemlich schlimm. Als mein Mann mich als Emanze beschimpfte, wohl vor den Kindern auch nicht haltmachte, so daß vor allem der Älteste langsam nicht mehr wußte, wohin er gehörte, ganz durcheinander wurde, und mich dann teilweise beschimpfte und voller Schuldgefühle gegen mich war, weil ich ja doch nicht so schlecht war, wie er mich beschimpfte, und aus dieser Klemme kaum herausfand. Erst als ich mal ganz deutlich mit ihm gesprochen habe, so in Ruhe, und ihm klarmachte, daß er sich dann schuldig fühlt und deswegen immer stärker schimpft, damit ich endlich mal so reagiere, wie er mich hinstellt, da sagte er plötzlich: Mutti, eigentlich hast du recht, manchmal ist das wirklich so. Und da merkte ich, daß viel durch Udos Beeinflussung kam. Wenn sie vom Vater kamen, dann war Heiko wie durchgedreht, dann fand er erst mal nicht zu sich selbst zurück. Die anderen Kinder verkrafteten es ganz gut. Die Tochter sagte, du bist du und Papa ist Papa, und ihr habt euren Knatsch alleine, der geht mich gar nichts an. Ich will ja auch nicht, daß du dich in meinen Streit mischst! Und die Kleinen, die freuten sich, wenn er kam und sie abholte, und sie freuten sich, wenn er sie wieder brachte. Sie waren eigentlich fröhlich in der Sache, und ich hoffte, daß die Großen auch diesen Weg finden. Ich selbst habe mein Mögliches getan. Ich habe es hingenommen, wenn die Kinder nach den Besuchen beim Vater kamen und sagten, Astrid ist ja eine viel bessere Mutter als du, die hat viel mehr Zeit als du, die gibt sich mehr Mühe als du, und sie kocht besser und alles – einfach um es den Kindern nicht schwer zu machen. Nach den Besuchswochenenden lief es praktisch immer erst mal drei Wochen schwer, und dann eine Woche leicht, dann war es wieder schwer, denn die Beeinflussung war doch ziemlich stark.»

Weil Sie auch das Gefühl hatten, daß Ihr Mann da nicht kooperativ war?

«Nein, er ist eher entgegengesetzt. ‹Also um Gottes willen, die Emanze da, was die mit euch macht, die läßt euch verdrecken, ihr armen Kinder. Ihr müßt euch zu Hause waschen, das müßt ihr durchdrücken bei Gesine.› Dann beobachtete ich so Gespräche, Heiko und Ina im Bad ‹... gegen das Waschen hat die nicht mal was› ...und sofort wird's für die Kinder uninteressant. Er versuchte doch ziemlich, Knüppel zwischen mich und die Kinder zu werfen, das ist sehr deutlich, das kann ich nicht anders sagen. Seinem Ältesten redete er eine Zeitlang ein, die Luft im Taunus sei so viel besser als in Kassel, so daß der Älteste nur noch unter Kopfweh litt, weil die Luft in Kassel so schlecht war.»

Außer um Kinder und Haushalt stritten die Parteien auch um die Verteilung von Hausrat und Vermögen.

Udo war der Meinung, er habe nicht genug Möbel aus der ehelichen Wohnung bekommen. Gesine fand, daß er mehr erhalten hatte, als ihm zustand. Zudem war seine Wohnung mit neuen Möbeln komplett eingerichtet worden, während sie es nur mit betagten Möbeln der Familie zu tun hatte. Lange Listen wurden aufgestellt ... Das bescheidene Vermögen der Familie bestand aus einem Bausparvertrag und aus einer Lebensversicherung, zusammen etwa DM 26000,-. Udo hatte sich beides auszahlen lassen und bisher alles für sich behalten. Gesine verlangte ihre rechtmäßige Hälfte. Udo wollte höchstens DM 5000,- zahlen. Einmal sei er bei den Möbeln zu kurz gekommen, außerdem habe Gesine – mit den vier Kindern! – bei der Trennung den VW-Bus und er nur den VW-Käfer bekommen. Für beides verlange er Entschädigung. Gesine sah es nicht ein und klagte im Verbund des Ehescheidungsverfahrens auf Zahlung ihrer Zugewinnausgleichsforderung von DM 13000,-. Sie brauchte das Geld, um ihre mickrige Altersversorgung wenigstens ein bißchen aufzustocken.

Das Ehescheidungsverfahren lief fast zwei Jahre. Udo tat Gesine weh, wo er nur konnte. In Schriftsätzen und persönlichen Schreiben. Der gegenseitige Kampf um Kinder, Unterhalt, Hausrat und Zugewinn reichte bis hinein in den Schlußtermin zur mündlichen Verhandlung vor dem Familienrichter. Es wurde eine lange Sitzung. Der Richter unterhielt sich zunächst recht ausführlich mit den beiden ältesten Kindern allein ohne Parteien und Rechtsanwälte. Im Termin beharrte Udo weiter darauf, daß die elterliche Sorge auf ihn zu übertragen sei. Die Kinder seien nur aufgehetzt von der Mutter, und er könne eben

den Kindern zeigen, wie man in einer richtigen Familie lebt. Außerdem sei Gesine nervenkrank.
Besonders lange und zäh wurde über den Unterhalt verhandelt. Es stand fest, daß Udo ein Nettoeinkommen (einschließlich des 13. Gehalts) von DM 2800,- monatlich hatte. Der Betrag für die Krankenversicherung der Familie war hier schon abgezogen. Nach der neuesten «Düsseldorfer Tabelle» hätte Udo für den Ältesten eigentlich DM 380,und für die drei jüngeren Kinder je DM 320,- Unterhalt zu zahlen. Mit Rücksicht darauf, daß hier vier Kinder zu versorgen sind, gingen die Parteien bei der Berechnung des Unterhalts für die Kinder deshalb eine Stufe tiefer in der Tabelle, so daß für den Ältesten nur DM 335,- und für die drei jüngeren Kinder je DM 285,- gezahlt werden sollen. Insgesamt muß Udo also für die Kinder DM 1190,- Unterhalt zahlen. Gesine bekommt das staatliche Kindergeld, zur Zeit DM 550,-. Davon kann Udo die Hälfte, also DM 275,-, vom Unterhalt abziehen, so daß er noch DM 915,- für alle vier Kinder zu zahlen hat.
Gesine hätte für sich eigentlich einen Anspruch auf zwei Fünftel des Restnettoeinkommens (Nettoeinkommen minus Unterhalt für die Kinder) in Höhe von DM 754,- gehabt. Udo hätte dann aber nur noch DM 1133,- für sich behalten. Das fand er zu wenig. Unter gütlichem Zuspruch des Gerichts einigten sich die Parteien, daß Udo mindestens DM 1200,- verbleiben sollen. Gesine soll also für sich und die Kinder folgende Beträge erhalten:

Unterhalt für die Kinder	DM 915,-
Kindergeld	DM 550,-
Unterhalt für sich	DM 687,-
	DM 2151,-

Davon muß sie zu fünf Personen leben. Udo hat DM 1200,- für sich allein. Er lebt in Lebensgemeinschaft mit Astrid – die eine eigene Rente bezieht – und hat dadurch eine erheblich billigere Haushaltsführung. Dies wurde bei der Unterhaltsvereinbarung selbstverständlich nicht berücksichtigt.
Alle anderen Punkte – außer der Ehescheidung selbst und dem Versorgungsausgleich – blieben zwischen den Parteien vor Gericht streitig. Der Richter mußte entscheiden. Das Urteil wurde zwei Wochen später verkündet.
Die Ehe wurde geschieden wie beantragt.
Die elterliche Sorge über die vier Kinder wurde Gesine übertragen. Der Richter berief sich in seiner ausführlichen Begründung auf die

eindeutigen Berichte des Jugendamts und auf seinen persönlichen Eindruck von Mutter und Kindern und auf den Wunsch der Kinder.
Gesine wurde eine Zugewinnausgleichsforderung von DM 10600,- zuerkannt. Dabei hatte der Richter doch den Wert des VW-Busses zugunsten von Udo berücksichtigt.
Schließlich wurde der Versorgungsausgleich – von Amts wegen – durchgeführt. Im Verfahren war ermittelt worden, daß Gesine während der Ehezeit in der gesetzlichen Rentenversicherung eine Rentenanwartschaft von DM 126,-, Udo eine solche von DM 448,- erworben hatte. Das Mehr, also DM 322,-, das Udo erworben hat, wurde durch zwei geteilt. Gesine erhielt also als Versorgungsausgleich eine Rentenanwartschaft von DM 161,-, die auf ihr Konto bei der BfA übertragen wurde. Auf diesem Konto hatte sie bereits eine eigene Rentenanwartschaft (einschließlich Vor-Ehezeit) in Höhe von DM 239,-. Mit dem Versorgungsausgleich hat Gesine – jetzt 40 Jahre alt – also heute eine Rentenanwartschaft von insgesamt DM 400,-!
Udo hat gegen das Urteil kein Rechtsmittel eingelegt.

Wie ist für Sie nun das Leben als alleinstehende Frau? Ich sehe jetzt mal ab von den Schwierigkeiten, die Sie mit den Kindern haben und die Sie eigentlich nicht haben brauchten, wenn Ihr Mann da etwas mehr Einsicht hätte.

«Ich kann es gar nicht schildern. Irgendwie fühle ich mich einfach wohl, ich weiß es nicht warum. Ich bin einfach frei. Ich habe wohl in dieser Zeit, in der ich alleine bin, gelernt, für mich zu leben, das heißt auch, für mich die Verantwortung zu übernehmen. Ich glaube, daß ich aus der Verantwortung der Eltern in die Verantwortung des Mannes übergeben wurde und eigentlich nie Zeit hatte, selbst erwachsen zu werden. Ich spüre wohl erst jetzt, wie schön das ist für mich, also ich genieße eigentlich mein Leben seitdem, ich kann es nicht anders sagen. Sehr schön ist, daß die Menschen in unserem Hochhaus ausgesprochen kooperativ waren, mir sehr geholfen haben. Ich habe zum erstenmal das Gefühl der Geborgenheit, das ich als Kind weder in meiner Familie noch als Frau bei meinem Mann hatte. Vielleicht ist das auch das Gefühl, das man in sich trägt, Geborgenheit nicht von anderen, sondern durch sich selbst.»

Wie ist es mit Ihren Zukunftsaussichten? Sie leben zur Zeit von dem Unterhalt, den der Mann zahlt. Was haben Sie später vor?

«Also vorerst, das habe ich gemerkt, muß ich einfach für die Kinder zu Hause sein, ich kann nicht arbeiten gehen. Aber ich bin im Moment wieder auf der Suche nach irgendeiner Ausbildung, die ich neben den Kindern machen kann.»

Was heißt «wieder»? Haben Sie schon mal eine gemacht?

«Ja, ich habe Meisterhausfrau nebenbei gemacht mit Abschlußprüfung, das heißt, ich könnte Lehrlinge ausbilden in einem kleineren Betrieb. Manchmal werden gerade Meisterhausfrauen gern genommen von kleinen Betrieben, weil sie Lehrlinge ausbilden dürfen. Auf der anderen Seite macht mir Hausarbeit gar nicht soviel Spaß. So habe ich mich jetzt angemeldet für einen Jugendgruppenführerkursus. Wenn ich das vielleicht nicht als Beruf nehmen kann später mal, dann kann ich das wohl für meine Kinder mal verwenden – gar nicht schlecht, meine ich. Vor allem ist das wieder nur einmal in der Woche nachmittags, und das kann ich meinen Kindern zutrauen. Ansonsten habe ich vor, aufs Arbeitsamt zu gehen, um meine Chancen überhaupt mal einzusehen. Ob ich vielleicht als Chemielaborantin irgendwo einsteigen kann, wenn's sein muß. Auf der anderen Seite hat bei uns jetzt gerade ein Schreiner neu aufgemacht, und mich reizt es ja doch noch mal, eine Schreinerlehre durchzumachen.»

Also für Ihr späteres Leben, wenn die Kinder groß sind, planen Sie wieder einen Einstieg in den Beruf?

«Auf jeden Fall. Erst mal, weil ich gerne berufstätig sein möchte, und zweitens auch schon wegen der Altersversorgung. Ich muß ja auch mal dran denken, daß ich nach der Rente leben möchte, nicht vegetieren.»

Frau N., wenn Sie so die letzten 20 Jahre zurückspulen könnten, was würden Sie anders machen?

«Das Wichtigste wär mir ein Beruf. Ich hätte wahrscheinlich umgelernt, doch noch, und hätte einen Beruf genommen, der mir Spaß macht. Vielleicht hätte ich dann auch geheiratet, aber nicht mehr so auf dieser abhängigen Basis, eigentlich mehr partnerschaftlich. Ich habe mir eine Ehe immer ganz anders vorgestellt, als ich sie gehabt habe. Vielleicht hätte ich auch nur zwei Kinder gekriegt, damit ich weiter berufstätig bleiben kann oder zumindest teilweise berufstätig. Denn ich glaube nicht, daß ich mit nur Kindern wirklich fröhlich, also wirlich ganz da sein kann. Jetzt bin ich's, aus den Umständen heraus, aber ich merke sehr deutlich, daß ich jetzt schon immer Ausschau halte nach einem Beruf oder nach einer Ausbildungsmöglichkeit.»

5. Kampf um die Kinder

Der Mai ist allen Müttern hold
und allen Kinderwiegen.
Der Wald ist grün, die Luft ist gold,
in allen Nestern liegen
die jungen Vöglein nackt und bloß
und zirpen laut nach Futter.
In Busch und Baum, in Laub und Moos
tönt's Mutter, Mutter, Mutter.
Vom frühen Morgen bis zur Nacht
sind Mütter auf den Wegen
und haben auf die Kleinen acht
und hüten sie und pflegen ...

(aus einem Muttertagsgedicht)

Wir sind eine Gesellschaft von Müttern.

Sobald es um Kinder geht, rufen wir nach Müttern.

Sie – und nur sie – hüten und pflegen die Kleinen und sorgen dafür, daß aus ihnen respektable Menschen werden. Sie tragen die Verantwortung für den Nachwuchs und sind schuld, wenn mit den Kindern etwas schiefgeht.

Von Vätern ist nicht die Rede. Meist genügt, daß sie im Hintergrund vorhanden sind ...

Im Gegensatz übrigens zu den oben zitierten Vöglein in Busch und Baum. Höchst unwahrscheinlich, daß diese «Mutter, Mutter» piepen. Sie werden nämlich von Mutter und Vater umsorgt.

Der männliche Mensch dagegen ist der unmittelbaren Brut- und Nestpflege entfremdet.

Wir leben in einer vaterlosen Gesellschaft.

Die Arbeit ist zwischen den Geschlechtern streng aufgeteilt: die Frau ist für Kinder, Familie und Haushalt, der Mann für den Gelderwerb draußen zuständig. Die ausschließliche Zuständigkeit der Frau für Kinder und Haushalt bleibt selbst dann bestehen, wenn die Frau – wie wir in Elses Bericht sehen – «daneben» noch erwerbstätig ist. Hat eine Frau Glück, dann «hilft» der Mann ein wenig im Haushalt und bei der Kindererziehung. Aus den Berichten von Else, Andrea, Sonja, Gesine, Johanna und Verena entnehmen wir, daß dieses Glück selten ist.[1] Aber selbst wenn ein solcher Glücksfall eintritt: der Vater ist grundsätzlich weder für die Kinder noch für den Haushalt zuständig und verantwortlich. Dafür ist Mutter da.

Dieses Müttermonopol hatte bisher für Familien-Hausfrauen dann, wenn ihre Ehe scheiterte, eine klare Konsequenz: die Kinder waren ihnen sicher!

Kaum ein Vater kam auf die Idee, nach der ehelichen Trennung Ansprüche auf die Kinder anzumelden. Meist kannte er die Kinder ohnehin nur kurz vom Feierabend her; in der Regel verspürte er auch wenig Lust, diese schwierige Bürde auf sich zu nehmen.

Der Normal-Vater begnügte sich mit dem sogenannten Besuchsrecht, einmal im Monat ein Wochenende oder zweimal einen Tag im Monat. (Nach Schätzungen aus den USA beschäftigte er sich übrigens dadurch meist mit den Kindern mehr als während bestehender Ehe. Eine Untersuchung der Soziologie-Professorin Emily Dale aus Illinois ergab, daß amerikanische Ehemänner sich durchschnittlich 38 Sekunden pro Tag um ihre Kinder kümmern.)[2]

Beantragte ein Vater doch einmal ausnahmsweise beim Vormundschaftsgericht, ihm die elterliche Gewalt über die Kinder zu übertragen, so wurde das in der Regel abgelehnt. «Kinder gehören zur Mutter» – das war noch vor circa 15 Jahren durchgängige Devise aller Gerichte. Ich erinnere mich, daß mich ein älterer erfahrener Kollege bei meinen ersten Schritten als Rechtsanwältin dahin belehrte: «Das Gericht überträgt die Kinder grundsätzlich der Mutter – es sei denn, sie ist Dirne oder Trinkerin.»[3]

Die Zeiten haben sich ein wenig geändert. Vorläufig zum Vorteil der Männer und zum Nachteil von Familien-Hausfrauen.

Zwar ist in der Praxis im wesentlichen alles gleich geblieben. Die Rollen sind noch immer streng verteilt. Nach wie vor fühlen sich Väter kaum für die Kinder zuständig. Mit Selbstverständlichkeit erwarten sie von ihren Frauen, daß diese ihren Beruf aufgeben, sobald das erste Kind in der Wiege schreit.

Diese Wirklichkeit haben auch die vereinzelten Parade-Väter nicht verändert. Damit meine ich jene hauchdünne Schicht junger Männer – vornehmlich aus der oberen Mittelklasse – die neuerdings Babies und Kinder versorgen, während die Ehefrauen erwerbstätig sind. Ich sehe darin erste zaghafte Ansätze einer überaus erfreulichen Entwicklung, und mir wird warm ums Herz, wenn ich vereinzelt einen solchen Mann voller Zärtlichkeit mit seinen Kindern erlebe. Aber trotz mancher Bewunderung, die diese Männer ernten, trotz Publicity durch Presse und Fernsehen, bleiben diese Väter, was sie sind: Ausnahmen in der bundesdeutschen Landschaft!

Die Praxis hat sich also kaum verändert. Aber das Klima ist ein wenig anders geworden. Die Theorie ist in Bewegung geraten.
Seit etwas mehr als einem Jahrzehnt unter dem Einfluß der Studentenbewegung der sechziger-Jahre und der Frauenbewegung der siebziger-Jahre werden auch hierzulande Rollenklischees öffentlich in Frage gestellt. «Wieso müssen eigentlich immer die Mütter zu Hause bei den Kindern bleiben und wieso müssen Väter grundsätzlich erwerbstätig sein?» – «Sind die Zuständigkeiten nicht teilbar und vertauschbar?» – «Sind Männer nicht genauso für die Kindererziehung geeignet und wichtig?» Derartige emanzipatorische Gedanken haben sich inzwischen überall eingenistet. Sie werden bekämpft oder halb oder ganz akzeptiert – aber sie sind da und liegen in der Luft.
Ein leicht verändertes Klima – sei der Unterschied der Temperaturen auch noch so minimal – bringt zuweilen einiges in Bewegung. Zum Beispiel dann, wenn die Ehe zerbricht.
Die meisten Väter finden es natürlich auch heute noch selbstverständlich, daß die Kinder bei der Mutter bleiben, wenn die Eltern sich trennen. Die Mehrzahl weiß nach wie vor nur wenig mit den Kindern anzufangen. Die Kombination von männlicher Berufstätigkeit und Kinderbetreuung erscheint unvereinbar. Auf die Idee, die Berufstätigkeit zugunsten der Kinder einzuschränken, kommen nur wenige Väter. In circa 80 % der Ehescheidungen ist daher die Frage nach dem rechtlichen Schicksal der Kinder zwischen den Parteien unstreitig. Typisch sind daher auch heute noch die Berichte von Else, Andrea und Johanna, deren Ehemänner die Kinder für ihr Leben nach der Scheidung gar nicht erst einplanen. Väter wie Wilhelm und Konstantin, die sich nach der Trennung bei den Kindern überhaupt nicht oder lange Zeit nicht mehr sehen lassen, sind leider keine Seltenheit.
Aber es gibt inzwischen bei zerbrechenden Ehen auch andere Fälle von Väter-Verhalten – und diese Fälle nehmen zu.
Da ist einmal jene winzige Gruppe engagierter Väter, die mit heißem Herzen um ihre Kinder kämpfen. Väter, die vom ersten Tag der Geburt persönlich ihre Kinder teilweise oder ganz betreut haben. Die ihre Berufstätigkeit so viel wie möglich einschränkten, um möglichst genug bei den Kindern zu sein, um sie zu umsorgen. Die sich vielleicht die Kinderbetreuung mit der Mutter geteilt oder sie ganz übernommen hatten. Wenn Ehen solcher Eltern zerbrechen, dann ist verständlicherweise der Konflikt um die Frage, bei wem die Kinder besser aufgehoben sind, besonders tragisch und oft nahezu unlösbar.
Daneben gibt es aber neuerdings auch eine ganz beachtliche Zahl geschiedener Väter von recht merkwürdiger Eigenart. Es sind die un-

emanzipierten Nutznießer der Emanzipation! Väter wie zum Beispiel Günther und Udo.

Während der Ehe bestenfalls Standard-Väter im Hintergrund am Feierabend. Ehemänner, für die es ganz selbstverständlich war, daß ihre Frauen beim ersten Kind den Beruf aufzugeben hatten. Für die Kinder ausschließlich Sache der Frau und Mutter waren. «Mutterprivileg» nennt es Gesine. Und Günther verlangte sogar von Sonja, daß sie ihre während der Trennung aufgenommene Berufstätigkeit zugunsten der Familie wieder aufgab, als er zwischendurch für ein paar Wochen nach Hause kam.

Väter dieser Art ändern sehr schnell ihre Meinung, sobald die Hausfrauenehe scheitert. Dann finden sie plötzlich, daß die Kinder zum *Vater* gehören!

Das gegenwärtige leicht veränderte emanzipatorische Klima erlaubt es, solche Sätze – die ja im Einzelfall richtig sein können – heutzutage laut und mit Aussicht auf Erfolg zu äußern. Es gibt – erfreulicherweise – kaum noch einen Familienrichter und kaum einen Sozialarbeiter des Jugendamts, der so ohne weiteres wie früher verkünden würde, die «Kinder gehören zur Mutter». Inzwischen hat sich allgemein herumgesprochen, daß theoretisch auch Väter die Kinder betreuen könnten.

Auf solche offene Ohren baut die letztgenannte scheinemanzipierte Gruppe von Vätern ... Der Kampf dieser Väter um die Kinder beginnt. Mit welchem Ziel? Um endlich selbst aktiv und unmittelbar Vater sein zu dürfen, der die Kinder betreut und versorgt? Unter Einschränkung des Berufs?

Nein. Die Hintergrund- und Feierabend-Väter wollen das bleiben, was sie sind: Väter für die Freizeit. Für die Kinder selbst bieten sie eine *neue Frau* an, die Ersatzmutter. An diese Frau werden – wie früher schon einmal an die erste Gemahlin – Kinder und Haushalt *voll delegiert*. So einfach ist das!

Ein solcher Weg der Väter ist natürlich verlockend. Das Familienleben geht weiter, nur mit ausgetauschter Rollenbesetzung. Die Kinder bleiben in der Nähe, dem Vaterstolz verbleibt die Grundlage. Dazu kommt ein kleines Siegesgefühl gegenüber der Ex-Ehefrau.

Und schließlich: der Unterhalt an diese entfällt!

Da die geschiedene Frau sich nicht mehr auf die Betreuung der Kinder berufen kann, ist ihr juristisch zuzumuten, sich durch eigene Erwerbstätigkeit selbst zu unterhalten ... Für solche Väter lohnt es sich also durchaus, um die Kinder zu kämpfen, falls die Ersatzmutter schon bereit steht. Die Statistik beweist, wie sehr es sich lohnt. Schauen wir noch einmal in die von mir im Kapitel über den Unterhalt zitierte Studie des Max-Planck-Instituts für Ausländisches und Internationales

Privatrecht über die wirtschaftliche Situation «unvollständiger» Familien. Unter den vier Gruppen der dort untersuchten Ein-Elternteil-Familien mit Kindern (geschiedene/verwitwete Väter, geschiedene Mütter, verwitwete Mütter, ledige Mütter) sind die alleinstehenden Väter wirtschaftlich durchgängig mit weitem Abstand an erster Stelle der Skala placiert. Während zum Beispiel die Ein-Elternteil-Familien der geschiedenen Mütter an Einkommen nur etwa die Hälfte des Einkommens der Standard-Zwei-Eltern-Familien beziehen, stellt sich die Einkommenslage alleinstehender Väter mit Kindern im Schnitt sogar *besser* dar als dies bei Standardfamilien der Fall ist.[4]
Im Klartext: die wirtschaftlichen Verhältnisse der alleinstehenden Väter sind im Durchschnitt nicht nur gesichert[5], sie sind meist sogar günstiger als der Durchschnitt der Zwei-Eltern-Familien mit Kindern.[6] Von dem Durchschnitt der geschiedenen Mütter ganz zu schweigen.
Während also geschiedene Familien-Hausfrauen mit ihren Kindern in jeder Weise – insbesondere wirtschaftlich – einer höchst ungewissen Zukunft entgegensehen, kann das Leben der geschiedenen Freizeit-Väter mit Kindern nahezu unverändert weitergehen: Vater betreibt seinen Beruf, die Ersatzmutter sorgt für die Kinder und ist zur Belohnung oft noch zehn Jahre jünger als die Verflossene. Bei diesen Aussichten ist häufig offenbar (fast) jedes Mittel recht, um den väterlichen Kampf um die Kinder zu gewinnen.
Erster Schritt: Das ehemals so vielbesungene Mütterlein wird so madig wie möglich gemacht. Sonja ist dumm, jedenfalls zu dumm für die Kinder, Gesine ist eine Schlampe, eine rücksichtslose Emanze und psychisch defekt. Die Kinder solcher Mütter werden vernachlässigt, verdrecken und verblöden. Gesines Bericht ist leider typisch für viele andere.
Zweiter Schritt: Die neue Freundin und künftige Ersatzmutter wird in den lichtesten Farben dargestellt. Sie ist warmherzig, mütterlich, intelligent, pädagogisch versiert – die Idealmutter schlechthin!
Und schließlich als dritten Schritt das Argument auf dem Gipfel des Zynismus: Vater kann den Kindern eine *Voll*-Familie bieten, Mutter dagegen nur eine – «für das Kindeswohl schädliche» – *Teil*-Familie ...
Derartige Kämpfe zwischen Müttern und Vätern tragen die Gefahr in sich, ungleich in den Waffen zu werden, ungleich zugunsten der Väter.
Die Mütter können weder mit einem ansehnlichen Portemonnaie aufwarten noch mit einer gesicherten Berufsposition. Und kinderliebe Ersatzväter – falls diese überhaupt als nötig empfunden werden – sind bekanntlich nicht so schnell zu finden wie opferbereite Ersatzmütter.
Nach meinen Erfahrungen spricht alles dafür, daß der Kampf um die

Kinder in Zukunft noch härter wird.[7] Gesine und Sonja haben Glück gehabt...

Die Familien-Hausfrau, die ihr Leben für Kinder und Familie plant, kann mit diesem Glück nicht unbedingt rechnen. Zerbricht die Ehe, ist ihre Zukunft ungewiß.

Höchstwahrscheinlich ohne finanzielle Sicherheit, möglicherweise auch ohne Kinder...

Die Bücher kosten nur noch ein Fünftel ihres früheren Preises …

...schrieb der Bischof von Aleria 1467 an Papst Paul II. Das war Gutenberg zu verdanken.

Heute, 500 Jahre später, kosten Taschenbücher nur etwa ein Fünftel bis ein Zehntel des Preises, der für gebundene Ausgaben zu zahlen ist. Das ist der Rotationsmaschine zu verdanken und zu einem Teil auch – der Werbung: Der Werbung für das Taschenbuch und der Werbung im Taschenbuch, wie zum Beispiel dieser Anzeige, die Ihre Aufmerksamkeit auf eine vorteilhafte Sparform lenken möchte.

6. Wirtschaftliche Misere

Die wirtschaftliche Situation geschiedener Mütter mit Kindern ist erbärmlich – die wirtschaftliche Misere geschiedener Mütter ist weder vorübergehend noch zeitlich begrenzt, sondern bestimmt ihr gesamtes Leben – geschiedene Mütter haben zu erwarten, daß es ihnen im Alter noch schlechter geht – das ist in dürren Worten die Quintessenz der Studie des Max-Planck-Instituts für Ausländisches und Internationales Privatrecht über die «Wirtschaftliche Situation ‹unvollständiger› Familien in der Bundesrepublik Deutschland», die ich an anderer Stelle schon erwähnte.

Ich zitiere nochmals die bedrückenden Zahlen über das Nettoeinkommen geschiedener Mütter mit Kindern, die bereits bei der Frage des Unterhalts wichtig waren.

In den Jahren 1973/74 betrug das durchschnittliche Nettoeinkommen: aller geschiedenen Mütter mit Kindern monatlich DM 1.526,–, geschiedener Arbeiterinnen mit Kindern monatlich DM 1.327,–, nichterwerbstätiger geschiedener Mütter mit Kindern monatlich DM 1.236,–.[1]

Solche Zahlen werden lebendig, wenn ich den Alltag dieser Frauen betrachte, der hinter den Zahlen steht.

Zum Beispiel die Wohnung.

Wohnungen geschiedener Mütter mit Kindern sind erheblich kleiner als der Durchschnitt der Wohnungen aller Haushalte in der Bundesrepublik insgesamt, übrigens auch kleiner als die alleinstehender Väter mit Kindern.

So beträgt die durchschnittliche Wohnfläche aller Haushalte 79 qm, die der alleinstehenden Väter 84 qm, während geschiedene Mütter mit ihren Kindern durchschnittlich auf 68 qm wohnen müssen.[2]

Geschiedene Mütter wohnen nicht nur beengter, sie zahlen auch höhere Mieten. Durchschnittlich zahlen sie nämlich DM 3,01 pro qm, das sind 55 Pfennig *mehr* als der (damalige) Bundesdurchschnitt aller Haushalte mit DM 2,64 pro qm.[3]

Ich schaue mich weiter um im Alltag geschiedener Mütter: wie ist es zum Beispiel mit Telefon und Auto? Zwei Objekte, die nicht nur wichtige Gebrauchsgüter, sondern darüber hinaus wichtige private Verkehrs- und Kommunikationsmittel darstellen.

Weniger als ein Drittel (30 %) aller Haushalte mit geschiedener Mutter als Haushaltsvorstand besitzt ein Auto, während in 81 % der Standardfamilien und in 57 % der Haushalte mit alleinstehendem Vater als Haushaltsvorstand ein solches vorhanden ist. Sind die geschiedenen Mütter Arbeiterinnen, so haben nur noch weniger als ein Viertel (23 %) ihrer Haushalte ein Auto (dagegen: 76 % aller Haushalte von Arbeiterfamilien). Schlußlicht – wie in allen anderen Tabellen – sind die geschiedenen Mütter, die nicht erwerbstätig sind. Hier haben nur 14 % aller Haushalte ein Auto zur Verfügung.[4]

Die vorliegende Statistik bestätigt übrigens das Bild von der Situation der sechs geschiedenen Frauen dieses Buches: nur eine von ihnen hat ein Auto.

Bei der Bewertung dieser Zahlen sollte man/frau sich klarmachen, daß für die meisten Bundesbürger das Auto kein Luxus ist. Es erleichtert unseren beruflichen und privaten Alltag, wenn wir es für Fahrten zum Arbeitsplatz, zum Bringen und Holen der Kinder, zum Einkaufen und zu Besuchen bei Freunden benutzen. Gerade auf solche Erleichterungen wären aber Ein-Elternteil-Familien, in denen die ganze Last der Familienorganisation nur auf einem Rücken liegt, dringend angewiesen. Geschiedene Mütter ohne eine solche Erleichterung haben also doppelte und dreifache Schwierigkeiten, vom Arbeitsplatz zu den Kindern oder von der Wohnung zum Supermarkt zu hetzen.

Ebenfalls kein Luxus, sondern ein zentrales Mittel der Kommunikation und der Organisationserleichterung ist das Telefon. Hier sieht die Situation etwas rosiger aus, im Vergleich zu Standardfamilien aber immer noch schlecht genug. 57 % aller Haushalte in der Bundesrepublik besitzen ein Telefon, bei Haushalten geschiedener Mütter sind es nur 50 %.[5] Auffallend auch hier wieder die Zahl der geschiedenen nichterwerbstätigen Mütter: nur 37 % ihrer Haushalte haben ein Telefon. Dabei ist dies eine Gruppe, die noch mehr als andere auf Verbindungen mit der Außenwelt angewiesen ist, da die Kommunikation am Arbeitsplatz fehlt. Hier wird sehr deutlich, daß die besonders schlechte wirtschaftliche Lage nichterwerbstätiger geschiedener Mütter zu drastischen Einsparungsmaßnahmen zwingt, und zwar auch an Gütern, die – fast – lebensnotwendig sind.

Geschiedene Mütter mit Kindern leben nicht nur kärglich, sie leben auch von der Hand in den Mund.

Kaum irgendwo sind Vermögenspolster vorhanden und die wenigsten haben nennenswerte Ersparnisse. Das laufende Einkommen wird für den täglichen Konsum aufgebraucht. Daher fehlen die Mittel, um Ersparnisse für die Zukunft zu schaffen.

Während 40 % aller Haushalte Eigentümer von Grundstücken sind (übrigens auch 40 % aller Haushalte mit einem Arbeiter als Haushaltsvorstand), haben nur 16 % aller geschiedenen Mütter Grundbesitz. (Bei den alleinstehenden Vätern sind es 27 %). Die Möglichkeiten, später Grundbesitz zu erwerben, sind bei geschiedenen Müttern doppelt so schlecht wie bei Standardfamilien: nur 17 % haben einen Bausparvertrag, während 35 % der Standardfamilien Bausparverträge besitzen.[6]

Ähnlich sieht es bei den privaten Ersparnissen aus: Während die durchschnittlich angesparte Summe bei allen Haushalten im Jahre 1973 DM 7.227,- und bei den alleinstehenden Vätern DM 6.324,- betrug, waren es bei den geschiedenen Müttern nur DM 3.258,-.[7]

Auch hier sollte klar sein, daß Ersparnisse grundsätzlich kein Luxus sind. Ein Leben von der Hand in den Mund bedeutet, daß geschiedene Mütter sämtlichen Situationen, die aus dem Rahmen des normalen Alltags herausfallen, wie zum Beispiel einem Krankheits- oder Unglücksfall, einem Umzug etc. ziemlich hilflos gegenüberstehen. Von der Finanzierung der Ferien oder eines Möbelstücks ganz zu schweigen. Da ausreichende laufende Mittel fehlen, können auch nur äußerst mühsam Kredite aufgenommen und zurückgezahlt werden.[8]

Die schlimmste Konsequenz einer derartigen wirtschaftlichen Situation ist, daß nicht genug Geld übrigbleibt als Vorsorge für das Alter. Verläuft schon der finanzielle Alltag geschiedener Mütter mit Kindern knapp und beengt, so ist ihre Alterssicherung noch um vieles schlechter. Bis zum 1. 7. 1977 war sie sogar katastrophal.

Die Tabellen aus den Jahren 1973/74 zeigen deutlich, daß Haushalte geschiedener Mütter nur sehr geringe Summen in ihre Alterssicherung einzahlten (einzahlen konnten). Alle geschiedenen Mütter – wir erinnern uns, daß Dreiviertel dieser Frauen erwerbstätig sind – brachten im Durchschnitt DM 163,- monatlich für ihre Altersversorgung auf, (der Durchschnitt der Standardhaushalte lag etwa bei DM 300,-), nichterwerbstätige Mütter dagegen nur monatlich DM 33,25.[9] Benachteiligt unter den Benachteiligten sind also auch hier wieder diejenigen geschiedenen Mütter, die – wegen der Betreuung der Kinder oder weil sie zu alt oder zu krank sind – nicht erwerbstätig sein können. Was ehemals eine Tugend der Familien-Hausfrau war – nämlich sich ganz der Familie zu widmen und auf eine Erwerbstätigkeit zu verzichten –, wird nun zum Lebensproblem. Die nichterwerbstätigen geschiedenen Mütter kämpfen nicht nur mit ihrer tagtäglichen bedrükkenden wirtschaftlichen Lage, sie legen auch zugleich den Grundstein für eine völlig ungesicherte Zukunft.

Daran hat sich leider nicht sehr viel durch den am 1. 7. 1977 Gesetz gewordenen Versorgungsausgleich geändert. Immerhin allerdings doch ein wenig:

Versorgungsausgleich heißt bekanntlich Teilung der in der Ehe von den Ehepartnern erworbenen Altersversorgung. Durch die gesetzliche Regelung über den Versorgungsausgleich – einer der wichtigsten Bestimmungen im neuen Ehe- und Familienrecht von 1977 – wurde endlich eine seit 1953 offene Lücke in unserem Familienrecht zugunsten der Frauen geschlossen. Nach neuem Recht soll also nicht nur wie bisher das gemeinsam in der Ehe erworbene Vermögen geteilt werden, sondern gerechterweise auch alle künftigen Ansprüche auf eine Alters- oder Invalidenversorgung. Wichtig naturgemäß insbesondere für Hausfrauenehen, in denen die Frau nicht erwerbstätig ist und somit keine Gelegenheit hat, eine eigene Alterssicherung aufzubauen. Wie wir aus den Berichten von Andrea, Sonja und Gesine entnehmen können, werden im Ehescheidungsverfahren die künftigen in der Ehe erworbenen Versorgungsansprüche eines jeden Ehegatten vom Familiengericht ermittelt und miteinander verglichen. Der Mehrbetrag eines Ehegatten – in fast jeder Ehe und insbesondere in der Hausfrauenehe der des Mannes – wird geteilt. Der Teilbetrag wird auf das Rentenkonto des anderen Ehegatten – meist der Frau – überwiesen, der / die damit einen *eigenen* Rentenanspruch erhält.
Der massive Kampf gegen diese neue Regelung über den Versorgungsausgleich, insbesondere in der (männlichen) Presse, mußte auch den letzten Träumer davon überzeugen, daß hier eine frauenfreundliche Bestimmung auf dem Spiel stand, die vor allem Frauen ein kleines Stück mehr Gerechtigkeit bringen sollte. «So ist der Gesetz gewordene Versorgungsausgleich eine Karikatur, ein Hohn auf Recht und Billigkeit. Er dürfte den Spruch in Karlsruhe schwerlich überleben.» So schrieb unter anderen Rudolf Augstein noch im Dezember 1979.[10]
Der Versorgungsausgleich überlebte.
Der Kampf der Patriarchen ist inzwischen beendet durch das eindeutige Urteil des Bundesverfassungsgerichts vom 28. 2. 1980, in dem es die wichtigsten gesetzlichen Bestimmungen über den Versorgungsausgleich als mit dem Grundgesetz vereinbar erklärte.
Zum Jubel besteht dennoch kein Anlaß – jedenfalls nicht für Familienmütter, die in der Ehe nicht erwerbstätig sind, um sich voll den Kindern und dem Mann zu widmen. Wird die Ehe geschieden, so ist der Versorgungsausgleich nicht mehr und kann nicht mehr sein als eine zwar außerordentlich wichtige, aber doch relativ kleine *Hilfe* beim Aufbau der eigenen Altersversorgung. Dies gilt jedenfalls für die große Mehrheit aller Fälle. Die Altersversorgung des Durchschnittsbürgers erreicht normalerweise erst gegen Ende eines ganzen Berufslebens ihre volle Höhe. Beim Versorgungsausgleich werden aber nur die *in der Ehezeit* erworbenen Rentenanwartschaften errechnet, die

dann nicht sonderlich hoch sind, wenn das Einkommen verhältnismäßig niedrig oder zeitweilig ganz ausgefallen war.
Eine Ausnahme bildet also lediglich jene winzige Gruppe von langjährigen Hausfrauenehen mit Spitzenverdienern. In allen übrigen Fällen des juristischen Alltags erhalten Familien-Hausfrauen durch den Versorgungsausgleich Rentenanwartschaften auf ein eigenes Rentenkonto nur in sehr begrenzter Höhe. Ich will dies nicht geringschätzen: Rentenansprüche in der gesetzlichen Rentenversicherung sind sicher und dynamisch und daher besonders wertvoll – die Neubegründung von Rentenanwartschaften in Höhe von DM 100,- kostet zur Zeit etwa DM 17000,-. Aber sie sind eben meistens niedrig und daher nicht mehr als ein Grundstock oder eine zusätzliche Hilfe für die eigene zukünftige Altersrente.
Wie sah zum Beispiel der Versorgungsausgleich bei Andrea, Sonja und Gesine in konkreten Zahlen aus?
Andrea erhielt nach 14 Ehejahren Rentenanwartschaften in Höhe von DM 127,-, Sonja nach 12 Ehejahren in Höhe von DM 266,06 und Gesine nach 16 Ehejahren in Höhe von DM 161,-. Dazu kamen dann ihre eigenen kleinen Rentenanwartschaften aus ihrer Berufstätigkeit vor oder zu Anfang der Ehe.
Damit steht fest:
Auch mit Hilfe des Versorgungsausgleichs erhält die Ehefrau beim Scheitern der Hausfrauenehe in der Regel nur ein winziges eigenes Rentenkonto. Will die geschiedene Familien-Hausfrau im Alter dem Sozialamt nicht zur Last fallen, muß sie also dafür sorgen, daß ihr Rentenkonto durch regelmäßige Einzahlungen weiter wächst.
Im Normalfall bleibt ihr kaum eine andere Wahl, als deshalb so schnell wie möglich erwerbstätig zu werden.
Zwar könnte sie nach neuem Recht im Rahmen des Unterhalts von dem Ex-Ehemann auch einen Betrag für eine «angemessene Alterssicherung» verlangen (§ 1578 Abs. 3 BGB). Aber der Unterhalt selbst reicht – wie im Kapitel über den Unterhalt deutlich wurde – in der Regel noch nicht einmal für das Existenzminimum, vorausgesetzt, es wird überhaupt Unterhalt gezahlt. Die Chance, darüber hinaus noch einen nennenswerten Betrag zum Aufbau der eigenen Alterssicherung zu erhalten, ist also im Normalfall gleich Null. Bezeichnend ist, daß dieser sogenannte «Vorsorgeunterhalt» in der Praxis der Familiengerichte bisher fast keine Rolle gespielt hat. Dies wird mit Sicherheit auch in Zukunft nicht der Fall sein, da die Leistungsfähigkeit eines Unterhaltsverpflichteten grundsätzlich hierzu nicht ausreicht.[11]
Es bleibt also keine Alternative: will die geschiedene Familien-Hausfrau

ihr eigenes Rentenkonto auch nur ein wenig verbessern, so erreicht sie dies nur durch eigene Erwerbstätigkeit.
Selbst dann ist es schwer genug, bis zum Erreichen der Altersgrenze eine halbwegs ausreichende Altersversorgung zusammenzutragen. Die Gehälter sind schmal in Berufen ohne oder mit kurzer Ausbildung, in die die meisten Familien-Hausfrauen wegen ihrer fehlenden oder nicht abgeschlossenen oder zu lange zurückliegenden Berufsausbildung einsteigen müssen. Dementsprechend sind auch die Beträge gering, die der Arbeitgeber in die gesetzliche Rentenversicherung für seine Arbeitnehmerin einzahlt.
Sonja zum Beispiel will nach Abschluß ihres Lehrgangs als Stenokontoristin zunächst halbtags berufstätig werden. Ihr ist eine Stelle als Schreib- und Bürokraft angeboten worden, die sie wahrscheinlich annehmen wird. Das monatliche Bruttogehalt wird DM 1230,- betragen.
Ich erinnere, daß Sonja – heute 38 Jahre alt – nach Durchführung des Versorgungsausgleichs eine Rentenanwartschaft von insgesamt DM 311,76 besaß. Bei ihrem künftigen Jahresentgelt von DM 14760,- beträgt die monatliche Rentenverbesserung zur Zeit ca. DM 15,- pro Jahr. In fünf Jahren etwa – wenn die Kinder groß sind – könnte Sonja dann voll berufstätig werden. In ihrer künftigen Stellung würde sie dann – nach heutigen Maßstäben – DM 2100,- brutto monatlich verdienen. Bei dem dann zu erwartenden Jahresentgelt von DM 25200,- beträgt die monatliche Rentenverbesserung zur Zeit ca. DM 25,70 pro Jahr.
Dieses Zahlenbeispiel mag eine Ahnung davon geben, wie schwer es ist, im vorgerückten Alter ohne qualifizierte Berufsausbildung und ohne Berufserfahrung eine ausreichende Altersrente aufzubauen.
Ich hätte als Beispiel auch Gesine nehmen können. Gesine ist 40 Jahre alt und hatte nach der Scheidung mit Versorgungsausgleich eine Rentenanwartschaft von insgesamt DM 400,-. Sie kann frühestens in drei bis fünf Jahren berufstätig werden, wenn die vier Kinder größer sind. Bis dahin wird sie wahrscheinlich noch eine – möglichst nicht zu lange – Ausbildung anstreben. Falls sich ihr nicht die Chance einer außergewöhnlichen Berufsausbildung bietet, wird sie ähnliche Gehaltsaussichten wie Sonja haben und damit auch ähnliche Aussichten auf minimale Verbesserung ihrer Rente.

Das Thema Altersvorsorge ist kein Thema, solange man jung ist. Als ich 25 Jahre alt war, konnte ich mir überhaupt nicht vorstellen, daß ich jemals 65 sein würde. Glücklicherweise brauchen die meisten jungen Leute – sofern sie erwerbstätig sind – auch gar nicht an ihr Alter zu denken. Ohne zu fragen, wird jedem Arbeitnehmer ein bestimmter

Teil des Einkommens für die Altersrente abgezogen, ob er will oder nicht. Es gibt nur noch wenige, die ihre Alterssicherung in eigener Verantwortung betreiben müssen, zum Beispiel Leute in freien Berufen. Familien-Hausfrauen, die ihre Erwerbstätigkeit aufgeben, betreiben normalerweise überhaupt keine Altersvorsorge, da sie ihre Ehe als *Alterssicherung* betrachten.
So wie Sonja und Gesine früher einmal.

Verena L., 42 Jahre alt, geschieden

Verena war Grundschullehrerin – mit 25 Jahren heiratete sie Hermann – als sie 38 war, trennten sich Verena und Hermann – 2 Jahre später wurde die Ehe geschieden.

Verena kommt aus einer Beamtenfamilie. Sie war das Wunschkind ihres Vaters – das erste Kind sollte ein Mädchen sein. Die Mutter hätte lieber einen Jungen gehabt. Drei Jahre später kamen dann Zwillingsbrüder.

«Ich hatte es in der Kindheit oft zu spüren, daß ich von meiner Mutter nicht so erwünscht war wie meine Brüder. Das heißt, ich wurde dann als ‹Kindermädchen› herangezogen. Die Brüder waren ja drei Jahre jünger und hatten grundsätzlich Narrenfreiheit. Ich hatte auf sie aufzupassen, und wenn meine Brüder was ausgefressen hatten, dann habe ich natürlich zuerst mal die Strafe bekommen, weil ich nicht aufgepaßt hatte.»

Verena war eine gute Schülerin. Auf dem Gymnasium hätte sie keine Probleme gehabt, wenn ihre Eltern nicht so ehrgeizig gewesen wären und von ihr verlangt hätten, grundsätzlich immer die Beste zu sein. So wurde die Schulzeit zur Plage, denn für Verena war es selbstverständlich, die Wünsche der Eltern zu erfüllen. Sie bestand das Abitur – trotz eines Nervenzusammenbruchs.

Zu Hause hatte sie die Funktion des Hausmädchens übernehmen müssen, denn die Mutter war dauernd krank und von früher her an Haushaltshilfen gewöhnt.

Sind die Brüder auch entsprechend eingesetzt worden?

«Nein, überhaupt nicht. Meine Brüder haben gar nichts im Haushalt gemacht. Es hieß auch immer, man kann von ihnen nichts verlangen, sie sind die Kleineren.»

Nun wurden die ja auch mal größer?

«Ja, die waren aber grundsätzlich die Kleineren und ich war grundsätzlich die Größere. Und für ein Mädchen war es eben gut, wenn es alles lernt, und je früher, um so besser.»

Wie sahen Ihre Zukunftspläne damals aus? Beruf, Heirat?

«Meine Zukunftsidee war, nicht zu heiraten. Die Ehe meiner Eltern war schlecht und ich sah, wie abhängig man ist. Diese Abhängigkeit und diese Rollen. Der Mann verdient das Geld, und die Frau hat dafür zu sorgen, daß es dem Mann damit gutgeht. Ich wollte immer unabhängig sein. Weil ich ja tatsächlich so sehr abhängig war und immer für irgendwas und irgendwen verantwortlich war, wollte ich später nur für mich allein verantwortlich sein, wollte einen Beruf ergreifen und nicht heiraten, aber seltsamerweise und gegen sämtliche Moralgesetze Kinder haben.»

Nach dem Abitur begann Verena das Studium an der Pädagogischen Hochschule.

«Ich wollte Psychologie studieren, durfte aber nicht, weil das eine brotlose Kunst war. Mein Vater war Beamter und sagte, ich müßte auch Beamtin werden, und außerdem sei ich sowieso zu schwach und gesundheitlich wahrscheinlich auch gar nicht in der Lage, irgendwie in einem Beruf zu arbeiten, wo Existenzkampf herrscht. Es wäre besser, ich würde einen Beruf erlernen, wo ich Beamtin werden könnte, und wenn Psychologie schon unbedingt meine Neigung sei, dann könnte ich auf Pädagogik ausweichen und Lehrerin werden. Das habe ich dann auch getan.»

Schon in der Oberprima hatte Verena Hermann kennengelernt. Hermann war Offizier und 15 Jahre älter als Verena. Er freute sich, daß Verena studieren wollte – aus einem besonderen Grund:

«Er fand das gut, daß ich das Abitur machte und daß ich studieren und daß ich einen Beruf ausüben wollte. Denn falls er mich mal heiraten wollte/würde/möchte, dann möchte er, daß die Frau für ihn auch wirklich *etwas aufgibt*, zum Beispiel ihren Beruf.»

Für Ihren Mann war es also gar nicht im Bereich des Denkbaren, daß Sie diesen Beruf dann behalten würden?

«Nein, nein, überhaupt nicht. Er war so erzogen, und er stand auf dem Standpunkt, daß die Frau grundsätzlich im Haus zu sein hat und daß der Beruf praktisch nur für den Notfall da ist. Meine Berufsausbildung sah er als Übergangsbeschäftigung. Er wollte mich nicht von meinen Eltern, so wie früher eine höhere Tochter, einfach übernehmen, sondern ich sollte eben vorher etwas gemacht haben, was also irgendwie ein bißchen imponierend ist. So als Dummchen wollte er mich wohl auch nicht haben.»

Verena, damals 19, nahm Hermanns Reden nicht ernst. Sie war sicher, daß er in ein paar Jahren anders darüber denken würde. Zunächst ging Hermann erst einmal für drei Jahre nach USA, um dort eine spezielle Ausbildung zu absolvieren. Er ließ recht selten von sich hören. Aber er beklagte sich, daß Verena so selten schrieb. Als er zurückkehrte, stand Verena gerade in der Abschlußprüfung.

«Er erwartete, daß ich ihn in Bremerhaven am Schiff abhole. Aber genau an dem Tag, zu dieser Stunde fand meine Prüfung statt. Ich hab ihm also ein Telegramm aufs Meer geschickt, daß ich nicht kommen kann wegen der Prüfung. Daraufhin hat er sich, als er in Deutschland war, ein halbes Jahr nicht gemeldet. Er war – wie ich später erfuhr – beleidigt, daß ich ihn nach drei Jahren nicht abgeholt habe. Er hat erklärt, man hätte ja diese Prüfung verschieben können.»

Nach einem halben Jahr, als Hermann seine Kränkung verwunden hatte, tauchte er bei Verenas Eltern auf und erklärte ihnen, er wolle Verena heiraten. Die Eltern waren Feuer und Flamme über so einen Schwiegersohn. Hermann war in ihren Augen ein älterer, vernünftiger Mann aus gutbürgerlicher Familie, in guter Berufsstellung, mit hervorragenden Berufsaussichten. Also der ideale Mann für ihre Tochter.

Diese dachte anders. Hermanns Verhalten während der drei Jahre in den USA und bei seiner Rückkehr hatte ihr zu denken gegeben. Als er sie zum Essen einlud und ihr dabei einen förmlichen Heiratsantrag machte, lehnte sie dankend ab.

«Dann hat er alle Register gezogen. Erst mal hat er meine Mutter umgarnt, wie das so üblich ist, meinem Vater mit Vernunftsgründen klargemacht, daß es das beste wäre für uns beide, und wir würden uns auch lange genug kennen. Nach drei Jahren hätte er festgestellt, daß ich für ihn die richtige Frau bin, und in diesen Jahren hätte er auch Gelegenheit gehabt, Vergleiche zu ziehen.»

Haben Ihre Eltern versucht, Sie umzustimmen?

«Natürlich. Das sei die Chance meines Lebens, und was ich überhaupt wollte. ‹Er ist ein anständiger Mann mit ordentlicher Ausbildung, hat weder O-Beine noch abstehende Ohren, ist aus guter Familie, säuft nicht, spielt nicht, geht zu keinem Stammtisch, ist in keiner Weise aufgefallen bis jetzt› – und was ich eigentlich mehr wollte.»

Verena wollte nicht. Die Eltern drohten ihr, das Geld fürs Studium zu sperren. Verena war bereit, aus dem Elternhaus auszuziehen und als Verkäuferin im Kaufhof – wo sie als Werkstudentin arbeitete – ihr Brot und vielleicht ihr Studium zu verdienen. Die Eltern klagten, das könne sie ihnen nicht antun, was sollten die Leute denken.

«Es gab in der Familie überhaupt kein anderes Gesprächsthema mehr, als daß ich diesen Mann unbedingt heiraten müßte. Schließlich bin ich in den Hungerstreik gegangen, hab also nichts mehr gegessen, höchstens noch Tee oder so etwas. Und das war mein Fehler, damit haben die mich weich gekriegt, damit war ich nervlich am Ende nach gut zwei Monaten.

Ja, dann hab ich mir gesagt, um Gottes willen, die Voraussetzungen bei meinen Eltern waren viel schlechter und bei vielen anderen Ehen auch, und die Vernunftsgründe sprechen eigentlich alle dafür, und warum sollte es eigentlich nicht gutgehen, und alle Leute reden mir zu, der Nachbar auch noch, der der Vorgesetzte meines Vaters war.»

1963 heirateten Verena und Hermann. Verena, fast 25, mußte ihr Studium unterbrechen und zog nach Bielefeld, wo Hermann wohnte.

Wie lange hätten Sie noch studieren müssen bis zum Schlußexamen?

«Praktisch noch ein Semester. Aber weil alle fürchteten, wenn ich das Examen habe, daß ich dann überhaupt gar nicht mehr zu bewegen wäre zu heiraten, hat man das natürlich auch unterbunden. Hat gesagt, wozu und was soll der Quatsch, und wenn du selbst mal Kinder haben solltest, da kannst du ja alles wunderbar anwenden, was du gelernt hast, auch ohne Examen.»

Das junge Paar richtete sich eine Wohnung ein, und das Eheleben begann. Verena hatte damit gerechnet, daß sie allein für den gesamten Haushalt zuständig sein würde. Die Wirklichkeit übertraf alle Erwartungen.

«Ich war praktisch von morgens sieben bis abends sieben zu Hause, die Wohnung war noch nicht eingerichtet, das ging Stück für Stück. Ich hatte also jeden Tag die ganze Wohnung zu putzen. Das erwartete mein Mann von mir, er erwartete, daß man sozusagen vom Fußboden essen konnte. Er erwartete, daß ich den ganzen Tag mit der Wohnung beschäftigt bin.»

Ich stelle es mir unheimlich schwer vor, so viele Stunden am Tag in so einer Wohnung zu putzen?

«Ja, er verlangte, daß ich erst mal alles staubwischte, und er kontrollierte auch überall, ob in jeder Ecke und in jedem Winkel staubgewischt war. Am Anfang war das Wohnzimmer noch nicht eingerichtet, weil wir auf die Möbel verschieden lange warten mußten, und ich mußte auch das leere Wohnzimmer jeden Tag putzen und staubwischen. Als ich einmal das Wohnzimmer nicht geputzt hatte, hat er gesagt, also so ginge das nicht. Da hab ich gesagt, ich seh das aber nicht ein, und da hat er gesagt, du hast aber den ganzen Tag weiter nichts zu tun, als die Wohnung in Ordnung zu halten. Da hab ich gedacht, Gott, er hat ja Recht, was hab ich sonst zu tun? Ich hab dann versucht, mich anderweitig irgendwie zu beschäftigen, das durfte ich aber auch wieder nicht sagen, weil er der Meinung war, ich dürfte mich nur mit dem Haushalt befassen. Ich sollte möglichst nichts lesen oder mich weiterbilden oder irgend etwas unternehmen, ich sollte im Haus bleiben, dort sollte eben alles perfekt sein. Ich sollte also möglichst putzen, kochen, waschen und fröhlich sein und mich freuen, wie gut es mir geht, und abends so aussehen, als hätte ich den ganzen Tag nichts gemacht als bei der Kosmetikerin, beim Friseur oder im Modesalon gewesen zu sein.»

Also er wollte Sie abends hübsch und attraktiv haben?

«Ja, und ausgeruht. Aber alles sollte tiptop sein. Ach so, die ersten Geschenke, die ich bekam – die will ich ihm zurückschicken demnächst –, das war eine dunkelbraun geblümte Kittelschürze für werktags für die Arbeit, eine blaue zum Essen werktags und eine weiße mit Pepitakragen für sonntags.»

Verena, die von Kind an gewöhnt war, das zu tun, was man von ihr erwartete und verlangte, fügte sich. Sie fügte sich sogar, als Hermann ihr klarmachte, daß ihre Kleider, Röcke und Blusen zu farbig seien und daß sie in dieser «Schulmädchenmode» als Frau eines Offiziers nicht herumlaufen könnte.

«Ich mußte alles, was andere Farben als grau oder beige hatte, abschaffen, verschenken. Er ist dann mit mir an ein paar Tagen einkaufen gegangen, hat mich also völlig neu eingekleidet, und zwar im Stil seiner Mutter, Bubikragen, Biesen, Stickereien, und das alles in beige, und Kostüme eben auch in beige oder grau, damit ich seriös aussehe.»

Und Sie fanden, nachdem er es Ihnen erklärt hatte, das auch richtig?

«Ja, ich hab mir gesagt, na gut, es wird sich auch in grau und beige leben lassen.»

Eigentlich wollte Verena gern Kinder haben. Aber die Wohnung in Bielefeld war beengt, und dann wurde Hermann nach Hannover versetzt. Verena war deshalb einverstanden, den Kinderwunsch noch ein wenig aufzuschieben. Als ihr die Konsequenzen klarwurden, begann sie, ihr unausgefülltes Leben immer unerträglicher zu empfinden. Sie sehnte sich danach, wenigstens wieder zu studieren. Hermann war dagegen und verstand nicht, was ihr fehlte. Aber Verena fing an, Herman immer mehr zu bedrängen. Er sollte sich endlich um eine Wohnung in Hannover kümmern, damit sie dort hinziehen und wieder studieren und ihr Examen machen könne. Der Umzug klappte endlich, und Hermann erklärte sich schweren Herzens mit Verenas Studium einverstanden. Bedingung war: Verena durfte das Studium nur als «Hobby in der Freizeit» betreiben, der Haushalt durfte unter keinen Umständen darunter leiden!

«Er durfte nicht merken, daß ich studiere. Ich hatte auch das Gefühl, er hat gedacht, na, laß sie mal studieren, da ist sie wenigstens beschäftigt, sie wird ja schon merken, daß sie das nicht schafft und dann reumütig zurückkehren und sich freuen, daß sie nur noch Hausfrau sein darf. Ich durfte auch keine Putzfrau beschäftigen, weil das Studium ja für die Freizeit war. Ich hab dann also samstags das ganze Haus geputzt, die Wäsche gewaschen, sonntags die Wäsche gebügelt, damit ich die Woche über frei hatte für mein Studium. Und ich habe es dann eben doch geschafft. Er schien gar nicht so erfreut darüber, und er meinte – als wir anschließend in Urlaub fuhren –, es wird ja wohl nichts werden mit einer Stelle, die werden ja auf alle gewartet haben, nur nicht auf mich. Und dann kamen wir aus dem Urlaub zurück, und da sagte eine Nachbarin, es ist schon x-mal nach Ihnen gefragt worden. Sie werden schon seit drei Wochen von einer Schule gesucht; Sie sind schon eingeteilt. Ich bin also am nächsten Tag – mit unausgepackten Koffern – gleich in die Schule marschiert.»

Hermann sagte zunächst nichts. Insgeheim hoffte er – so meint Verena –, daß sie doch bald den ganzen Kram wieder hinwirft, weil es ihr zu anstrengend würde. Aber es klappte. Der Haushalt klappte, und der Beruf klappte. Mehr noch: der Beruf machte Freude. Verena ging gern in die Schule, und die Kinder wurden ihr wichtig. Das war zuviel für Hermann.

«Da fing er langsam an, Gründe zu suchen, was hier und dort nicht stimmt und daß es jetzt schon dreimal hintereinander Gulasch gegeben hätte in zwei Wochen oder so irgend etwas, daß ich mir keine Mühe mehr gäbe, keine Gedanken mehr mache, was den Haushalt und was ihn betrifft.»

Hat er Ihnen im Haushalt geholfen?

«Nein, überhaupt nicht, keinen Schlag. Er war ja fest davon überzeugt, die Frau ist für den Haushalt da, und der Mann ist dafür da, den Haushalt zu finanzieren, und jeder hat sich daran zu halten. Er hat noch nicht einmal den Mülleimer herausgetragen, auch nicht, wenn ich ihn darum gebeten habe.»

Es kam zu Reibereien. Hermann hatte beruflich Karriere gemacht und immer mehr gesellschaftliche Verpflichtungen. Es kam zum Streit, wenn er zu einer Party gehen wollte und Verena erklärte, sie müsse Hefte korrigieren. Hermann war empört: «Was ist dir wichtiger, deine Hefte oder mein Beruf?» Äußerst belästigend empfand Hermann auch, daß er Urlaub mit Verena nur während der Schulferien nehmen konnte. Verena wurde mürbe. Schließlich war sie bereit, nur noch mit halber Stundenzahl zu unterrichten. Ungeachtet der Konsequenzen. Verena konnte nämlich so nicht als Beamtin weiterarbeiten. Sie gab ihren Beamtenstatus auf und wurde Angestellte. Daraus folgten neue Schwierigkeiten. Ihre alte Stelle mußte mit einer voll beamteten Kraft besetzt werden. Verena sollte versetzt werden. Sie wehrte sich, weil sie wegen Hermann im Raum Hannover bleiben mußte. Nach drei weiteren erfolglosen Versetzungsangeboten wurde Verena gekündigt. Verena war nicht mehr dazu gekommen, die zweite Lehrerprüfung zu machen.

Hermann war froh. Endlich konnte Verena sich die Zeit so einteilen, daß er sich nicht belästigt fühlte. Verena gab Privatunterricht, für Legastheniker und verhaltensgestörte Kinder. Diese neue Aufgabe weckte ihr Interesse. Sie bildete sich weiter, teilweise mit Hilfe der Landesklinik. Aber sie stellte bald fest, daß es nicht genügte, was sie wußte. Sie wollte Psychologie studieren. Für die Zukunft plante sie, als Schulpsychologin zu arbeiten. Sie nahm ihre ganze Kraft – die gegen Hermann nötig war – zusammen und begann tatsächlich zu studieren.

«Mein Mann hat sich auch gegen dieses Studium gewehrt wie gegen jede Berufstätigkeit von mir und hat mir gleich gesagt, du brauchst dich gar nicht zu bewerben um einen Studienplatz, das Geld für die Kopien und Beglaubigungen, das kannst du dir sparen. Du bist viel zu dumm dazu, und Numerus clausus, das geht sowieso nicht, das schaffst du nie. Ich habe also doch einen Studienplatz bekommen. Und da ging es genauso wie beim ersten Studium, da hat er auch geglaubt, ich geb das irgendwann auf. Und das habe ich dann nicht getan, hab im Studium eben viel zurückgesteckt. Ich mußte mir regelrecht die Zeit fürs Studium stehlen. Und dann habe ich mich doch fristgemäß im 6. Semester zum Vordiplom gemeldet. Da hat mein Mann gesagt, ich hab noch acht Tage Urlaub, während dieser Hauptprüfungstage bleibe ich zu Hause und werde dich völlig entlasten mit dem Haushalt, du brauchst dich nicht um Einkaufen und Bettenmachen und Garten zu kümmern, du kannst dich ganz auf die Prüfungen konzentrieren. Das ging also auch gut die ersten zwei Tage. Dann hatte ich nach zwei Tagen die erste Prüfung, die lief glatt über die Bühne. Das schien er wohl nicht erwartet zu haben. Von dem Tag an fing er an, mich zu schikanieren, irgend etwas an mir auszusetzen, an der Wohnung auszusetzen, fing an, mich zu kritisieren und machte mich so fertig, daß ich schon mal nachts nicht schlafen konnte. Und morgens, also kurz bevor ich mich auf den Weg machen wollte zur nächsten Prüfung, wärmte er alles vom Tag vorher wieder auf und machte mich fix und fertig. Ich bin dann durch die eine Prüfung durchgerasselt und bei der zweiten hat er mich wieder so fertiggemacht, da bin ich mitten in der Prüfung in Tränen ausgebrochen. Da hat dann die Dozentin gesagt, wir brechen besser ab.»

Das war im Sommer 1975. Verena war am Ende ihrer Kräfte. Etwas in ihr war zerbrochen. Sie fühlte sich kaputt, aber plötzlich konnte sie ihre Situation mit offenen Augen sehen:

«Ich sollte nur da sein für ihn, für sein Wohlbefinden, für die Pflege des Ehemannes. Ich hatte jetzt keine Lust mehr, ich wollte auch für mich da sein, nicht immer nur für einen anderen Menschen. Ich weiß nicht, ob es Neid war oder was es war – er hatte Karriere gemacht, und ich war nach wie vor Putzfrau geblieben und sollte es auch bleiben. Und das fiel mir plötzlich wie Schuppen von den Augen, daß ich, bis ich ins Grab sinke, Putzfrau meines Mannes bleibe, und das wollte ich mitnichten.»

Konnten Sie mit Ihrem Mann über Ihre Probleme reden?

«Ich hatte oft versucht, meinen Mann anzusprechen oder ihn darauf aufmerksam zu machen, daß ich Probleme habe, aber wenn ich das versuchte, dann hat er immer gesagt ‹ich weiß gar nicht, was du hast. Du hast einen Mann, der eine gute Stellung hat, du mußt nicht hungern, du mußt nicht frieren, ich hab keinerlei abstoßende Charaktereigenschaften, ich bin dir treu, was willst du eigentlich mehr, du hast keine Probleme!› Damit würgte er jedes Gespräch ab. Oder er kam mit der Ausrede, er sei müde, oder er hätte in seinem Beruf genug Probleme, zu Hause könnte er keine gebrauchen.»

Verena stand vor einem Scherbenhaufen. Da war nichts, was ihr Leben ausfüllen konnte. Kein Beruf. Auch keine Kinder.

«In den vergangenen Jahren habe ich immer wieder daran gedacht, es wäre vielleicht gut, wenn ich – ich muß jetzt sagen, aus egoistischen Gründen – wenn ich ein Kind hätte. Ich habe diesen Wunsch auch des öfteren geäußert. Mein Mann hat das jedesmal abgetan, das sei jetzt sowieso zu spät, und außerdem seien Kinder ausgesprochen lästig, er habe das aus Kollegenkreisen immer wieder erfahren. Und er sähe nicht ein, warum er, wo er durch seinen Beruf sowieso schon so gestresst sei, warum er sich da noch zusätzlich solche Schwierigkeiten mit Kindern zulegen sollte. Und sowieso, ich, in meiner Verfassung, in der ich wäre, ich wäre sowieso ein bißchen nervös und hysterisch, ich könnte auch mit Kindern nichts anfangen. Wenn ich die Idee hätte, daß ich Kinder haben möchte, dann wäre ich wohl nicht ganz richtig im Kopf oder ich hätte zuviel getrunken.»

Verena wollte ihr Leben ändern. Ihre Kräfte wuchsen, als sie plötzlich merkte, daß sich ein Freund für sie interessierte. Der hatte sie lange beobachtet und sie eines Tages gefragt, warum sie Angst vor ihrem Ehemann habe.

«Da bin ich überhaupt erst mal zum Nachdenken gekommen, hab ich wirklich Angst? Und ich hatte tatsächlich Angst vor meinem Mann – und warum habe ich eigentlich Angst, muß ich denn Angst haben?»

Verena hatte sogar Angst, ihrem Mann zu sagen, daß sie sich scheiden lassen wollte. Hermann hatte früher oft geäußert, eine Scheidung käme für ihn nie in Frage. Mehr noch: er hatte dabei oft gedroht, er werde Verena erschießen, wenn sie je mit der Idee käme.

Aber Verena wußte jetzt, was sie wollte. Natürlich wurde ihr Rücken ein wenig gestärkt durch die Freundschaft mit dem anderen Mann, die immer tiefer wurde.

«Mir ist zum erstenmal zu Bewußtsein gekommen, irgend jemand denkt auch über *mich* nach, verschwendet überhaupt einen Gedanken an mich. Meine Eltern haben nicht sehr viel über mich nachgedacht, mein Mann eigentlich überhaupt nicht. Und da habe ich gedacht, das ist es, was man normalerweise von einer Ehe erwartet, daß einer für den anderen da ist und nicht immer nur ich für den anderen.»

Heimlich ging Verena zu einem Rechtsanwalt und ließ sich beraten. Noch immer zögerte sie. Da gab es eines Tages den «großen Knall». Hermann erfuhr von Verenas Freundschaft. Er fiel aus allen Wolken. Zwar hatte er sich seinerseits auch für andere Frauen interessiert, aber er war fest davon überzeugt, daß seine Ehe glücklich war. Nun sah Hermann keinen anderen Weg als die Scheidung. Er ging zu einem Rechtsanwalt und zu einem Nervenarzt. Beide rieten ihm, die Scheidung noch einmal zu überdenken und schickten ihn zu einem Psychiater. Er sollte versuchen, an der Ehe zu retten, was zu retten war. Verena ging einzeln und zusammen mit Hermann in die Therapie. Je länger sie es tat, je klarer wurde ihr, daß es ein Zusammenleben mit Hermann nicht mehr gab.

«Ich habe das dann auch dem Psychiater erzählt. Er hat mich ganz direkt gefragt: Ja, sagen Sie mal, warum sind Sie eigentlich nicht schon längst weg von Ihrem Mann? Das war dann ausschlaggebend für mich. Er sagte auch zu mir, normalerweise versucht man ja, eine Ehe wieder zu kitten, aber in Ihrem Fall scheint das absolut nicht sinnvoll zu sein.»

Es war nicht sinnvoll – auch Hermann sah das ein. Anfang 1978 stellte Verena den Antrag auf Scheidung der Ehe, und Hermann stimmte zu. Das Ehescheidungsverfahren verlief relativ friedlich. Hermann war nach einigem Hin und Her bereit, für Verena noch für zwei Jahre Unterhalt zu zahlen, damit sie ihr unterbrochenes Studium beenden kann. Auch Hausrat und Vermögen wurden halbwegs gütlich geteilt.

Wie fühlen Sie sich seit der Scheidung?

«Es klingt vielleicht übertrieben, aber ich habe mich in meinem ganzen Leben nie so glücklich gefühlt wie jetzt. Zum Beispiel, daß ich jetzt bei Ihnen sitzen kann und nicht jemanden fragen muß, wie lange ich bleiben darf oder sagen muß, wohin ich gehe, daß ich mich hinterher nicht entschuldigen muß, weil ich vielleicht später komme – ich finde es einfach herrlich.»

Verena will jetzt ihr Psychologiestudium beenden oder die zweite Lehrerprüfung machen, oder beides.

«Ich möchte jetzt nach vierzig Jahren Leben endlich irgend etwas tun, was mir Freude macht, was mich auch befriedigt. Unter Freude machen verstehe ich nicht leichtes Geldverdienen, sondern was mich ausfüllt.»

Mir fällt auf, daß Sie sich bisher immer ziemlich widerspruchslos allem angepaßt haben, und zwar entgegen Ihren eigenen Wünschen. Warum?

«Mir wurde von klein auf immer ein Bild vom anständigen Menschen gezeigt. Und mir wurde immer gesagt, ein anständiger Mensch tut das nicht, was du da jetzt möchtest, ein anständiger Mensch verhält sich so und so, ein anständiger Mensch hilft anderen Menschen und steckt für sich selbst zurück. Und da wir auch alles anständige Menschen sind, die um dich herum sind, stecken wir ja auch für dich zurück, also hast du auch zurückzustecken.»

Johanna N., 44 Jahre alt, 2 Töchter, geschieden

Johanna hat Examen als Diplom-Dolmetscherin – mit 24 Jahren heiratete sie Konstantin – die Tochter Sophia wurde zwei Jahre, die Tochter Antonia fünf Jahre nach der Hochzeit geboren – als Johanna 32 war, trennte sich Konstantin von der Familie – im selben Jahr wurde die Ehe geschieden.

Johanna stammt aus einer recht wohlsituierten Familie. Sie war das älteste von fünf Kindern, begabt, lebhaft und sehr interessiert. Für die Eltern war völlig klar, daß alle Kinder die Oberschule besuchen und, wenn möglich, auch studieren sollten. Dabei gab es keine wesentlichen Unterschiede zwischen Töchtern und Söhnen.

Dennoch kam Johanna schon sehr früh in Konflikte mit ihren Vorstellungen von Weiblichkeit. Der Vater erzog sie zwar nach außen hin genauso wie ihre Brüder.

> «Was mich aber so sehr stark in diese typische weibliche Haltung mit allem, was dazugehört, hineingetrieben hat, war der Widerspruch zwischen dem, was besonders mein Vater mir in der Erziehung mit Worten vermittelte und dem, was er selbst lebte. Die Ehe, die er lebte. Meine Mutter, die sich absolut in jeder Hinsicht anpaßte, obwohl sie sicherlich keine dumme Frau war. Die sich aufopferte für ihn, für seine Arbeit, die ihm wirklich alles abnahm und uns Kinder immer wieder beeinflußte in Richtung auf ‹den Vati nicht stören, ihm nicht widersprechen, ihm helfen, ihm ermöglichen, daß er seine Arbeit tun kann›.
>
> Jede Art von Eigenständigkeit wurde so schon früh in mir erstickt. Ich hatte Angst, ich selbst zu sein. Ich erinnere mich an Szenen am Tisch zum Beispiel, wo ich versuchte, mich meinem Vater gegenüber, der immer sehr wortgewandt war, zu wehren. Da wurde ich von meiner Mutter unterm Tisch immer ans Schienbein getreten, ‹sei ruhig, widersprich nicht›. Mein Vater sagte immer zu mir, wenn du widersprichst, gehst du vom Tisch.»

Das Bild der Mutter, die in ihrem Mann aufging und auf jede Eigenständigkeit verzichtete, prägte Johannas Frauenbild. Ihr schien klar zu sein, daß eine Frau von einem Mann nur geliebt werden kann, wenn sie die frauliche Rolle wie die Mutter einnahm.

«Ich habe angenommen, daß ein Leben ohne Mann, ohne Ehemann und ohne Freunde, absolut nicht lebenswert ist. Das stand ganz unverbrüchlich fest, deswegen haben sich die Weichen ganz früh gestellt, weil ich das wollte. Selbständig sein, das wollte ich nicht.
Ich habe mir sehr früh sehr konkret gewünscht, daß ein Mann an meiner Seite sein möge, da war ich zwölf oder vierzehn. Ich wollte beschützt werden, ich wollte viele Kinder haben, ich wollte einem Mann seine Möglichkeiten ermöglichen. Vorstellungen, die sich mit mir selbst befaßten, hatte ich überhaupt nicht.»

Für Johanna schien der Widerspruch zwischen einem Bedürfnis nach Selbstverwirklichung und ihrer Hoffnung, von Männern geliebt zu werden, unauflösbar. Die Schule bot ihr bei diesem Konflikt keine Hilfe, im Gegenteil:

«Mein ganzes Schulleben war bestimmt, mich auf ein weibliches Dasein hin zu prägen. Ich ging in eine Mädchenschule und später war ich in einem Mädcheninternat. In allen diesen Schulen damals waren weibliche Ideale im Vordergrund. Das zeigte sich vor allem im Deutschunterricht, in den Dingen, die man da las, und es zeigte sich auch in der Erziehung. Wir hatten vornehmlich Lehrerinnen, diese Art von Frauen, die durch den Krieg ohne Mann geblieben waren, zwar berufstätig und sicherlich auch selbständig, aber doch eigentlich mit dieser Aura des Unweiblichen behaftet. Nicht so weit emanzipiert, daß sie ihre Eigenständigkeit auch vermitteln konnten. Wir wurden mit Sicherheit nicht auf ein selbständiges Dasein erzogen, wir wurden noch nicht einmal darauf hingewiesen. Ich erinnere mich, im Internat später, da hatten wir abends immer so Vorlesestunden, und da wurde zum Beispiel eine Novelle vorgelesen von Gertrud von le Fort. Ich weiß nicht mehr, wie sie heißt, aber sie handelte von einer Liebesbeziehung zwischen einem spanischen Kaiser und einer jungen Adligen, die dort am Hofe Hofdame war. Die ganze Entwicklung bei dieser Frau lief auf Verzicht hinaus. Und ich weiß, daß mich solche Sachen ungemein beeindruckt haben und mich eigentlich auch beeinflußt haben. Ich bin einfach nie auf die Idee gekommen, daß man ein vom Mann unabhängiges Dasein führen kann und ob man sich das überhaupt wünschen darf, wünschen sollte.»

So ist es fast ein Wunder, daß Johanna dennoch Abitur machte. «So viel Verstand hatte ich noch, daß ich Abitur machen wollte», sagt Johanna zurückblickend, «ich wollte eigentlich auch studieren.» Johanna war außerordentlich sprachbegabt, in Deutsch und in Fremdsprachen.

Ihr schwebte vor, Journalistin zu werden, und sie begann, in Freiburg Germanistik zu studieren. Das Semester wurde zur Qual.

«Ich kam aus diesem Mädcheninternat, verhältnismäßig behütet und seit Jahren nicht mehr mit Männern zusammengekommen, und ich habe also da in Freiburg gesessen. Ich wußte überhaupt nicht, was ich machen sollte. Ich bin fast draufgegangen in diesem Semester. In den Hörsälen saß ich voller Angst vor den vielen Menschen, speziell vor den Studenten.»

Johanna hörte nach dem Semester auf, weil sie einfach nicht mehr konnte.

«Dann habe ich mich für den bequemen Weg entschieden und mich auf meine Sprachbegabung verlassen. Ich habe einen ganz praktischen Weg eingeschlagen, ich bin nach München gegangen und habe eine Übersetzer-Dolmetscher-Ausbildung gemacht. Das waren vier Jahre. Zwischendurch hatte ich wegen guter Leistung mal ein Stipendium an der Universität in Barcelona.»

Johanna – inzwischen 24 – bestand ihr Diplom als Dolmetscherin mit «gut». Kurz zuvor hatte sie den drei Jahre jüngeren Konstantin kennengelernt. Sie verliebte sich, und es dauerte nicht lange, da war Johanna schwanger. Es war ganz selbstverständlich, daß Konstantin und Johanna sofort heirateten.

«Es paßte im Grunde in meine Vorstellungen, daß man, wenn man Kinder hat, wenn man geliebt wird, daß man dann eine ganz erfüllte Frau ist. Da ich durch die Entwicklung zu Hause ständig zweifelte, ob ich überhaupt eine richtige Frau bin, die man lieben kann und die weibliche Eigenschaften hat, war mir die Schwangerschaft nun endlich ein Beweis dafür.»

Bald darauf hatte Johanna eine Frühgeburt.

Konstantin, von Beruf Werbefachmann, ging nach Düsseldorf, und Johanna folgte ihm. Sie bezogen ihre erste gemeinsame Wohnung. Konstantin arbeitete in der Werbung und Johanna war freiberuflich tätig. Von einem großen Verlag bekam sie einen Auftrag für eine anspruchsvolle Übersetzungsarbeit.

«Im Grunde hatte ich mit dem Freiberuflichen wieder eine Arbeit gewählt, die mich nicht konfrontierte mit der Realität, vor der ich immer Angst hatte und die zu bewältigen ich mir nicht zutraute. Mir war klar, daß man, um das Leben zu bewältigen, bestimmte Eigenschaften entwickeln muß, die damals vorwiegend nur Männer hatten – wie sie auch mein Vater hatte. Aber die konnte ich nicht entwickeln, weil ich mir überlegte, wenn ich so bin wie mein Vater, dann hat mich ja keiner lieb, dann bin ich ja männlich.»

Nach dem Übersetzungsauftrag arbeitete Johanna als Hostess auf

Messen und ein bißchen für die Stadtverwaltung. Eine Berufslaufbahn aufzubauen stand für sie nie zur Debatte. Außerdem war sie Hausfrau.

«Ich hab den Haushalt ganz alleine gemacht, zum großen Teil schon deswegen, weil mein Mann sehr viel weg war, viel auf Reisen und auch sehr viel nach 18 Uhr arbeitete und ich viel allein war. Das ist eigentlich die ganze Ehe hindurch immer so gewesen, daß ich den Haushalt allein gemacht habe. Ich hatte Vorstellungen wie meine Mutter, daß das so sein müßte.»

Du hast, wenn ich das so verstehe, noch nicht mal gefragt, ob er hilft?

«Nein, nie.»

Und er hat es von sich aus auch nicht angeboten?

«Nein.

Auch wenn ich mal mehr beruflich zu tun hatte, machte ich immer zuerst den Haushalt und setzte mich dann an die Arbeit. Ich konnte nicht arbeiten, bevor nicht alles gemacht war.»

1962, zwei Jahre nach der Hochzeit, wurde Sophia geboren.

«Das war eine verhältnismäßig glückliche Zeit, weil ich in der Zeit überhaupt keine Rollenkonflikte hatte. Ich stellte keine Ansprüche an meinen Mann und war ganz zufrieden in dieser Mutterrolle. Es war eine sehr harmonische Zeit, wo wir uns auch ein bißchen näherkamen, obwohl er wenig Anteil an dem Kind nahm.»

Die Familie zog aufs Land. Drei Jahre später, 1965, kam Antonia. Johanna saß mit den Kindern im Grünen, und Konstantin war in seinem Beruf viel auf Reisen.

«Die Kinder banden mich in der bekannten Weise an das Haus, während Konstantin inzwischen beruflich verantwortungsvollere Stellungen hatte. Er reiste viel ins Ausland. Da fing ich an zu leiden. Als er sich immer mehr rausentwickelte, und ich – ich hatte meine Kinder sehr gern – ich empfand den Tag in zunehmendem Maße als erschreckend öde. Ich habe also furchtbare Ängste bekommen, ich konnte schon fast nicht mehr aufstehen, ich habe wie ein Roboter alle meine Pflichten ganz pünktlich erfüllt, ich war auch unwahrscheinlich ordnungssüchtig. Aber ich konnte mich meinen Kindern überhaupt nicht richtig innerlich zuwenden, so aus der Fülle, die ich eigentlich habe, weil ich plötzlich fühlte, daß ich überhaupt nicht mehr ich selber war oder überhaupt nie ich selber gewesen war. Ich funktionierte noch, aber ich funktionierte damals schon aus Angst wegzulaufen und irgendwas aufzugeben.»

Johanna begann zum erstenmal, bescheidene Ansprüche an ihren Mann zu stellen.

«Daß er mich nicht so allein lassen sollte, daß er mich mitnehmen sollte, wenn er mal wohin ging. Das tat er denn auch manchmal, aber das ging meistens schief, weil ich gewandter war als er und mich besser unterhalten konnte. Dadurch kamen Konflikte noch hinzu. Er fühlte sich schon damals mir gegenüber im Grunde unsicher, weil ich schon erwachsener war als er und eine sehr viel bessere Schulbildung hatte. Das verstärkte die Kluft zwischen uns, ich wurde immer einsamer und fing an – das war sehr schlimm – ihn zu beneiden um seine Möglichkeiten. Und damit setzte eben so ein ganz großes Stück Haß ein.»

Konntest du denn mit deinem Mann über diese jetzt immer stärker aufkommenden Spannungen und Konflikte reden?

«Nein, ich konnte nicht mit ihm darüber reden. Zum einen, wenn ich es von heute aus betrachte, weil ich das Mittel der Kommunikation eigentlich in dem Sinne gar nicht kannte. Weil ich mir nicht darüber klar war, daß man reden muß. Außerdem hatte ich enorme Schuldgefühle wegen meiner Haßgefühle und auch wegen meiner Unzufriedenheit, weil die äußere Situation eigentlich so schlimm nicht war, daß ich hätte unzufrieden sein müssen. Hinzu kam, daß er immerzu nur mauerte aus Verletzlichkeit. Er war ein Mann, mit dem du überhaupt nicht reden konntest und zu gar keinem Schluß kommen konntest, du konntest keinen Konflikt auflösen.»

Die wirtschaftlichen Verhältnisse der Familie waren bescheiden. Johanna hatte nach dem ersten Kind aufgehört, berufstätig zu sein. Konstantin verdiente nur mäßig. Das änderte sich, als er eines Tages Public-relation-Manager einer großen Textilfirma wurde. Aber damit verschlimmerten sich auch die Konflikte zwischen ihm und Johanna.

«Das war eigentlich der Anfang vom Ende, als mein Mann dann die neue Stelle bekam und eben diese Reisen anfingen, diese großen Fotoreisen, zu denen er in der Regel mit einer dicken Brieftasche voller unzähliger Tausend-Mark-Scheine fuhr, nur in Hotels wie Hilton und so weiter übernachtete, und daß mich diese Dinge fast wahnsinnig gemacht haben. Ich saß zu Hause mit zwei kleinen Kindern und 400 Mark Wirtschaftsgeld und keiner Möglichkeit, weder für Kleidung noch für irgendwas extra zu sorgen. Das war ganz schlimm. Dann fing er an, sich elegant anzuziehen, weil er auch billiger an die Sachen kam. Dann fing er an, Ansprüche an mich zu stellen, weil er mit diesen Mannequins umging, und ich habe tatsächlich versucht, mich diesen Ansprüchen zu beugen. Ich fing also an, mich zu behängen mit Schmuck und mit ganz komischen Kleidern.

Er machte PR (*public relations*) für seine Firma mit Modeschauen und allem Drum und Dran, und das auf europäischer Ebene mit Starmannequins, die damals durch alle Zeitungen gingen. Und da kam es auch vor, daß er mit diesen Frauen zum Kaffee nach Hause kam. Ich kochte dann oder ich backte Kuchen und machte den Kaffeetisch, und dann saßen die alle da um den Tisch rum. Und dann zog eine so ihr Nerzcape um die Schultern und sagte ‹ich glaube, Conny, wir müssen jetzt wohl gehen›. Ich durfte dann abwaschen und zu Hause bleiben. Das hat mich immer sehr erbittert.»

Konstantin mutete Johanna noch einiges mehr zu. Er hielt nichts von ehelicher Treue und hatte auf seinen Reisen alle möglichen außerehelichen Beziehungen, selbstverständlich heimlich.

«Das hat das Vertrauen zu meinem Mann völlig zerstört. Auf der anderen Seite hat es die Angst vergrößert, die Angst, daß einer weggeht, daß ich alleine bin, daß ich nicht mehr geliebt werde. Und das hat wieder meinen Haß vergrößert, so daß unser Verhältnis eigentlich ganz schlimm wurde, und es hat diese Neidgefühle auch noch verstärkt, daß ich das Gefühl hatte, er kann das alles und ich nicht.»

Johanna wurde immer unsicherer, wenn sie Konstantin zusammen mit attraktiven Frauen begegnete. Sie merkte, daß er sie mit den anderen Frauen verglich. Und sie wurde immer einsamer. Sie saß mit den Kindern völlig isoliert auf dem Land, ohne Auto. Konstantins Bett neben ihr war fast immer leer. An den Kindern nahm er kaum Anteil. Eines Tages konnte es Johanna dann nicht mehr aushalten in dieser Stille der Natur. Sie verlangte von Konstantin, daß die Familie wieder in die Stadt zog. Dies geschah, und Johanna war voller Hoffnung, daß die ehelichen Beziehungen wieder besser werden könnten. Die Hoffnung trog. Inzwischen hatte Konstantin seit zwei Jahren eine feste Beziehung zu einer anderen Frau (mit der er heute verheiratet ist). Aber er hatte nie den Mut gehabt, sich von Johanna zu trennen. Für Johanna wurde immer klarer: wenn irgend etwas sich ändern sollte, dann mußte die Initiative von ihr ausgehen.

«Ich fühlte, daß ich jetzt handeln muß, daß ich diese Ehe beenden muß. Im Grunde war die Alternative – umbringen oder die Ehe beenden. Ich habe unheimlich mit dem Wunsch gekämpft, mich zu trennen, und hab dann auch die Scheidung eingereicht. Ich habe sie aber zurückziehen müssen, weil ich es nicht durchhielt. Aber dann habe ich die Ehescheidung ein halbes Jahr später durchgezogen.»

Wie reagierte nun dein Mann auf deinen Entschluß, dich scheiden zu lassen?

«Er war sehr erleichtert. Ich hatte ihm offensichtlich eine Entscheidung abgenommen.»

Das Scheidungsverfahren lief ohne Komplikationen ab. Das Urteil lautete auf Scheidung aus Konstantins Verschulden.

Konstantin war froh, seine Freiheit wiederzuhaben. Für Johanna und die Töchter – damals drei und sechs Jahre alt – spürte er offensichtlich nicht sonderlich viel Verantwortung mehr. Vor allen Dingen wollte er nicht viel zahlen. Er fand, daß er selbst nicht so schrecklich viel verdiene und außerdem eine Menge Schulden habe – woher, weiß bis heute keiner.

Konstantin war bereit, für Frau und Kinder DM 600,- Unterhalt zu zahlen! Dabei spekulierte er offensichtlich auf Johannas fairen Charakter:

«Ich wollte eine ganz faire Unterhaltsvereinbarung treffen, weil ich der Meinung war, daß man einen so jungen Mann – mein Mann war damals 29 – nicht sein ganzes Leben mit dem Unterhalt für eine Frau und zwei Kinder belasten kann. Zweifellos hatte ich nicht gelernt, Ansprüche zu haben, geschweige denn sie durchzusetzen. Außerdem kannte ich die sehr schwere Jugend meines Mannes, was Mangel an Liebe anbelangt, und ich hatte Angst, ihn zu belasten, weil ich mich auch schuldig fühlte.

Ich habe auf Grund der Tatsache, daß mir bewußt war, daß auch eigene Mängel und eigene mangelnde Entwicklung an dieser Situation schuld waren, die Verantwortung voll auf mich genommen für alles, was jetzt kam, für die Erziehung der Kinder, für die eigene Entwicklung, für die Berufsentwicklung, für alles. Ich habe mir gesagt, du bist nicht erwachsen geworden, infolgedessen mußt du jetzt auch die Folgen tragen.»

DM 600,- – im Jahre 1968 – konntest du davon leben?

«Nein, allein meine Wohnung kostete DM 550,– Der Hort für die Kinder kostete damals für beide DM 450,-. Ich habe aus dieser Zeit heute noch Schulden.»

Johanna mußte schnellstens berufstätig werden, um überhaupt leben zu können. Aber das war schwer.

«Ich war zwar diplomierte Dolmetscherin, aber ich erinnerte mich an nichts mehr. Bei Sprachen ist eine so lange Pause sowieso tödlich. Außerdem hatte ich veränderte Interessen und zudem ein miserables Selbstbewußtsein. Materiell war nichts da, es war nichts Gespartes da und gar nichts. Ich bin damals zum Arbeitsamt gegangen und habe mich beraten lassen. Da haben die mir in dieser Notsituation vorgeschlagen, ich sollte doch Steno und Schreibmaschine machen, dann würde ich Unterhaltsgeld kriegen in der Zeit, und dann könnte ich Sekretärin werden. Ich habe dort geweint vor Dankbarkeit, daß die mir diesen Kurs vorschlugen. Während dieses Kursus bekam ich DM 650,- Unterhaltsgeld vom Arbeitsamt, und damit habe ich mich dann über Wasser gehalten.»

In dieser schweren Situation kümmerte sich ein Freund von Konstantin liebevoll um Johanna. Johanna, ausgehungert nach Liebe und Zärtlichkeit, war glücklich über diese neue Beziehung. Dazu ergab sich, daß sie nach Abschluß ihres Kursus für ihn als Privatsekretärin arbeiten konnte. Sie bekam neben einem Gehalt Miete für das eine Zimmer ihrer Wohnung, das sie nun als Büro benutzte, insgesamt ungefähr DM 1200,- bis 1300,-. Mit diesem Geld und dem Unterhalt von Konstantin konnte Johanna – trotz der hohen Miete und der Hortkosten für die Kinder – so gerade auskommen. Ihr Leben war nicht leicht. Besonders die Kinder machten ihr große Sorgen.

«Besonders die Große war zum Zeitpunkt, als mein Mann auszog, ganz ungemein elend, sie war also schon eigentlich vollkommen gestört, weil sie halt diese schwierigen Jahre miterlebt hatte. Ich mußte mich also neben der Berufsarbeit und neben dieser neuen Beziehung auch sehr um das Kind kümmern in Form von Erziehungsberatung. Dann waren beide Kinder krank, hatten Scharlach und Masern, das lief also alles zusammen.»

Trotzdem fand Johanna in den zwei Jahren nach der Scheidung ein wenig zu sich selbst.

«Im Verlauf dieser beiden Jahre, in denen ich nach der Scheidung für diesen Mann arbeitete, da kam ich selber wieder langsam zum Vorschein. Ich konnte also ziemlich schnell sehen, dieses Leben als Sekretärin und überhaupt mit einem Mann will ich nicht mein ganzes Leben weiterführen. Es wurde mir also langsam klar, daß ich weiterkommen wollte und mußte. Und dann habe ich mich besonnen auf meine eigentlichen Interessen und Begabungen und habe mich entschlossen, noch Lehrerin zu werden und bin, weil Düsseldorf sehr teuer war und weil ich mich auch von dem Mann trennen wollte, zurückgegangen nach Dortmund, wo ich aufgewachsen bin, aber natürlich nicht zu meinen Eltern. Und dann habe ich da dieses Studium angefangen an der Pädagogischen Hochschule und habe Honnefer Modell beantragt. Da wurden mir aber nur DM 100,- bewilligt, weil mein Unterhalt mit DM 600,- so ungemein hoch sei. Ich wurde auf Wohngeld und so weiter hingewiesen. Da ich wirklich in solcher Finanznot war, die mich auch Jahre noch verfolgt hat – eigentlich heute noch verfolgt –, habe ich mir schließlich gesagt, nein, so geht es nicht, das will ich nicht, und habe dann sofort aufgehört. Ich bin dann wieder zum Arbeitsamt gegangen, um mich noch mal beraten zu lassen im Hinblick auf eine neue Ausbildung, und da haben die mich praktisch gleich dabehalten und haben mich integriert in eine Ausbildung als Berufsberaterin, wo ich schon damals bezahlt wurde während der Ausbildung nach BATV, das war also schon ganz schön.»

Wie lange war nun diese Ausbildung?

«Die hat zweieinviertel Jahre gedauert, bestand aus einem verwaltungsmäßigen Teil und einer Fachausbildung, und ich habe sie mit einer sehr guten Prüfung abgeschlossen. Habe unwahrscheinlich gepaukt, zum erstenmal in meinem Leben also wirklich gepaukt. Das war nicht so ganz einfach, vor allem wegen der Kinder – der ganze Schulwechsel, die Sophia von der Waldorfschule in eine normale Schule, was erhebliche Schwierigkeiten machte.»

Beim Arbeitsamt wollte Johanne jedoch nicht bleiben. Die formalistische Arbeitsweise widersprach ihrer Natur. Eine Annonce in der Zeitung unter «Stellenangebote» fiel ihr in die Augen. Eine Organisation der Wissenschaftsförderung in Berlin (die Stipendien an Wissenschaftler vergab) suchte eine Hilfsreferentin für die Auswahlabteilung, die unter anderem auch Sprachen beherrschte.

«Diese Anzeige, das war ganz typisch: Die sah ich also, sprang sofort darauf an und beredete das mit meinem Vater und meinem Bruder. Und die sagten damals, Mensch, du bist gerade seit zwei Jahren in Dortmund, du hast bis über die Nase Schulden, grad mal ein bißchen zur Ruhe gekommen, tu das nicht. Da habe ich es gelassen. Dann war die Anzeige vier Wochen später noch mal drin, und da habe ich nicht mehr gefragt, sondern hab gedacht, das machst du. Und dann hat es auch geklappt.»

Johanna zog 1972 mit den Kindern nach Berlin, wo sie bis heute lebt. Der Anfang war ziemlich schwer. Sie war allein in einer Stadt, wo sie niemanden kannte. Eine längere und sehr intensive Liebesbeziehung zu einem Mann in Dortmund war gerade kaputtgegangen. Johanna – 36 Jahre alt – war ziemlich viel allein. Aber sie schöpfte viel Kraft aus ihrem neuen Beruf, der ihr Freude machte. Johanna kam dort relativ schnell vorwärts.

«Als ich hier angestellt wurde, kriegte ich BAT IV b, das ist die Eingangsstufe zum gehobenen Dienst. Nach einem halben Jahr wurde ich dann befördert, nach einem weiteren Jahr noch mal, da war ich dann in der Endstufe des gehobenen Dienstes. Dieses Jahr werde ich in den höheren Dienst befördert, wo man normalerweise drin anfängt, wenn man studiert hat. Also ich denke, nach den Möglichkeiten, die ich hatte, habe ich doch 'ne ganze Menge schnell geschafft.»

Die vergangenen 12 Jahre waren streckenweise recht hart für dich, vor allem die ersten Jahre. Du warst berufstätig, hast eine Berufsausbildung gemacht, bist in eine fremde Stadt gegangen und hast einen

neuen Beruf angefangen, und du hattest Schwierigkeiten mit den Kindern. Hat dein Mann wenigstens regelmäßig Unterhalt gezahlt? Und hat er später mehr gezahlt, als er doch sicherlich mehr verdiente?
«Er hat nie mehr gezahlt, als er mußte, und er hat vor allem überhaupt nichts zusätzlich gezahlt. Ungefähr 1971 habe ich dann, weil ich sehr in Not war, meinem Mann vorgeschlagen, daß er mir meinen Unterhalt – das waren DM 200,– – auf drei Jahre insgesamt auszahlt und daß ich dafür auf den Unterhalt hinterher verzichten würde. Er zahlte mir dann auch DM 6000,–, und ich verzichtete auf Unterhalt für die Zukunft. Heute sagt er, er hätte mir mit DM 6000,– ausgeholfen. In Wirklichkeit ist es so, daß er für drei Jahre gezahlt hat, und sonst hätte er das ganze Leben zahlen müssen, falls ich nicht wieder heirate. Aber das will er überhaupt nicht wahrhaben. Seitdem kriegte ich nur für die Kinder DM 400,– und später DM 500,–. Das ist auch das, was ich heute noch bekomme. Ich bekomme also DM 500,– für Sophia und Antonia zusammen.
Das Schlimmste war aber eigentlich, daß sich mein geschiedener Mann jahrelang um die Kinder so gut wie gar nicht gekümmert hat. Irgendwann – es war 1975 – kam ich dann auf die Idee, er müßte nun mal wenigstens etwas mehr für die Kinder zahlen. Als er sich weigerte, habe ich einen Unterhaltsprozeß angestrengt. Den habe ich verloren, weil mein Mann geltend machte, er habe inzwischen ein Haus gekauft, er hätte also Schulden und müßte für das Haus abbezahlen. Ein zweiter Grund kam allerdings hinzu, warum ich den Prozeß verlor: ganz kurze Zeit nach meiner Scheidung kam mein Mann eines Tages zu mir und sagte mir, er hätte eine neue Stelle in Aussicht. Der Chef hätte den Scheidungsvertrag sehen wollen und hätte ihm gesagt, mit diesen Belastungen (DM 600,– mit Gleitklausel, das heißt Erhöhung des Unterhalts bei steigenden Lebenshaltungskosten und steigendem Gehalt) könnte er nicht angestellt werden. Mein Mann sagte zu mir, ich sollte doch diese Gleitklausel ändern, sonst könnte er überhaupt nichts mehr zahlen. Ich habe das dann privat schriftlich geändert und habe die Gleitklausel entfernt und habe den Unterhalt so festgelegt auf diese bestimmte Summe. Da ich alles ohne Zeugen gemacht hatte, konnte ich dann später nicht beweisen, daß die Abänderung nur nach außen zum Schein hätte sein sollen.»
Wie ist deine finanzielle Situation heute? Hast du aus der damaligen Zeit noch Schulden?
«Ja, das hat sich immer addiert. Ich habe also nicht Schulden von irgendwelchen Anschaffungen, die ich gemacht habe – die ich sicher gern gemacht hätte, ich besitze nach wie vor kein Sofa. Aber

alle Umzüge und alles, was zum Leben und beruflich notwendig war, das konnte ich nie ganz bezahlen. So mußte ich immer Geld aufnehmen. Ich hatte damals erheblich über DM 10000,- Schulden. Durchschnittlich habe ich mindestens DM 250,- im Monat abbezahlt. Jetzt habe ich das so gemacht, daß ich das ganz schnell mit hohen Summen – DM 800,- monatlich – abbezahle, damit ich das endlich los bin, aber ich muß mich überall zusammennehmen. Ich fahre dieses Jahr nicht in Urlaub. Ich schränke mich auch sonst sehr ein, zum Beispiel mit Platten und Büchern und mit Kleidern. Außerdem habe ich vor vielen Jahren mein Auto verkauft und habe mich ganz im Zentrum der Stadt angesiedelt, damit ich alles leicht erreichbar habe. So habe ich meine Ausgaben wirklich unter Kontrolle.»

Und wie fühlst du dich heute?

«Ich kann gut allein leben. Das einzige, was ich immer sehr stark empfunden habe, was mich auch nie verlassen hat, ist eben doch so 'n Hälftegefühl. Ich hab mich eben immer sehr zur Wehr setzen müssen gegen so ein Einsamkeitsgefühl und gegen dieses Gefühl, alles allein tragen zu müssen. Was sich in meinem Fall besonders auf die Kinder bezieht, besonders auf die große Tochter. Die Kinder haben von Anfang an sehr gelitten unter der Scheidung, zunächst durch den Fortgang des Vaters, der zwar mir nicht sehr zur Seite gestanden hat, der aber zu den Kindern sehr freundlich war. Und in all den folgenden Jahren war ich fast durchgängig mit beiden bei der Erziehungsberatung. Bei der Großen war es ganz schlimm und änderte sich eigentlich auch nicht, sondern wurde schlimmer. Die Kleine, die hatte immer ganz positive Phasen und hat es schließlich auch geschafft, sie hat sehr viel mehr Ichstärke und ist unkomplizierter. Die Große ist dann in verschiedenen Therapien gewesen. Sie war im Grunde lernbehindert bei wahrscheinlich überdurchschnittlicher Intelligenz und Begabung und sehr kontaktbehindert. Sie war auch sehr selbstmordgefährdet, hat auch Selbstmordversuche unternommen. Jetzt geht es. Das Kind hat sich unwahrscheinlich gequält und ist im Grunde ganz anders als andere, viel erwachsener, viel reifer.»

Diese Therapien waren doch sicher unheimlich teuer – sind die Kosten ersetzt worden?

«Die Kasse hat die Therapie von Sophia zum großen Teil bezahlt. Ich habe einen ganz kleinen Teil dazugegeben.»

Hat sich der Vater nicht beteiligt?

«Nein, das habe ich auch allein gemacht.»

Erfreulicherweise hat Konstantin in den letzten Jahren wenigstens per-

sönlich mehr Kontakte mit den Töchtern aufgenommen. Sophia und Antonia sind heute 18 und 15 Jahre alt. Nach wie vor zahlt Konstantin für beide zusammen DM 500,- monatlich, pro Kind also DM 250,-. Dies seit 1974 unverändert! Hierzu sei angemerkt, daß die bei den Familiengerichten üblichen Unterhaltstabellen für Kinder dieses Alters Unterhaltssätze von mindestens DM 270,- pro Kind (bei einem Nettoeinkommen des Vaters bis DM 1600,-!) und bis zu DM 510,- (bei einem Nettoeinkommen des Vaters über DM 3.800,-) vorsehen.
Vor drei Jahren wurde Konstantin durch einen Rechtsanwalt aufgefordert, mehr für die Kinder zu zahlen. Dabei wurde darauf hingewiesen, daß einmal die allgemeinen Lebenshaltungskosten und zum anderen das Alter der Kinder beträchtlich gestiegen seien. Konstantin lehnte mit Bedauern ab. Sein Bruttoeinkommen habe sich leider nicht erhöht, es betrage noch immer DM 4.800,-.
Um das sich anbahnende bessere Verhältnis zwischen Kindern und Vater nicht zu belasten, wurde die Sache nicht weiter verfolgt ...

7. Frauen verzichten

«Dienen lerne beizeiten das Weib nach ihrer Bestimmung.»
(Goethe: ‹*Hermann und Dorothea*›)

Hausfrauen sind selber schuld an ihrer Misere – kein Mensch zwingt sie zu irgend etwas, sie können sich frei entscheiden – Frauen wollen es nicht anders ...

Diese beliebten Argumente höre ich fast in jeder Diskussion über Frauenschicksale, in denen Frauenunterdrückung sichtbar wird. Sie kommen von Männern *und* Frauen, bevorzugt übrigens von Frauen in qualifizierten Berufspositionen. Ich halte es für wichtig, mich hier wenigstens kurz mit dieser Argumentation auseinanderzusetzen. Denn spätestens an dieser Stelle, nach den vorliegenden Berichten der sechs geschiedenen Hausfrauen, muß ich mit dem Einwand rechnen: «Was wollen Sie denn, warum haben diese Frauen denn keinen richtigen Beruf gelernt, warum haben sie ihn aufgegeben, warum haben sie sich in ihren Ehen so viel gefallen lassen? Die Frauen haben doch alles selbst so gewollt!»

Dieses Argument ist richtig und falsch zugleich.

Es ist richtig insofern, als jeder Mensch grundsätzlich die Verantwortung für sein Leben trägt. Keine der Frauen dieses Buches ist mit Gewalt zu irgend etwas gezwungen worden, nichts mußten sie *gegen* ihren eigenen Willen tun.

Das Argument ist falsch, weil keiner von uns als Erwachsener vom Himmel fällt und sich dann frei entscheidet, wie er in dieser Gesellschaft leben will.

Wir kommen klein und hilflos zur Welt; wenn wir Glück haben in einer Familie, in der uns die Mutter betreut und großzieht. Wir wachsen auf in Elternhaus, Schule, unter Freunden, mit Fernsehen und Zeitungen. Bis wir erwachsen werden, wissen, ahnen und fühlen wir sehr genau, was die Gesellschaft, in der wir leben, von uns erwartet. In der Regel entschließen wir uns dann, so zu leben, wie es von uns erwartet wird. Die wenigsten haben Lust, verachtete oder bespöttelte Außenseiter dieser Gesellschaft zu werden. Wir sind soziale Wesen und wollen uns in der Gemeinschaft mit den anderen wohl fühlen. Frauen wie Männer.

Es ist deshalb ganz selbstverständlich, daß Frauen und Männer jeweils die Lebensrollen anstreben und verwirklichen, die unsere Gesellschaft ihnen zugedacht hat und bis heute von ihnen erwartet.
Die Rollen sind für Männer und Frauen verschieden.
Wir leben bekanntlich im Patriarchat, das heißt einer Gesellschaft der Männerherrschaft, die seit Jahrhunderten auf der festgelegten Arbeitsteilung zwischen Mann und Frau beruht:

- Die Frau – da sie Kinder gebären kann – ist für die Familie und deren Wohlergehen zuständig, sie ist – allein – für die Erziehung der Kinder verantwortlich, und das alles ihr Leben lang. Ihr Reich ist das Private.
- Der Mann ist für das Leben «draußen» zuständig, für Beruf und Gelderwerb. Seine Rolle spielt in der Öffentlichkeit. Familie bedeutet für ihn Ruhe und Erholung und die Erwartung, daß seine Arbeitskraft durch die Frau tagtäglich aufgefrischt wird.

Die strikte Rollenzuweisung bleibt übrigens grundsätzlich auch dann bestehen, wenn die Frau «nebenbei» erwerbstätig ist. Wir sehen es bei Else, die neben ihrer Berufstätigkeit selbstverständlich allein für Familie, Kinder und Haushalt verantwortlich bleibt. Oder bei Verena, die den Beruf so einzuschränken hat, daß sie in erster Linie ihre Pflichten im Haushalt und gegenüber dem Gemahl erfüllen kann. Der Grundsatz bleibt: die Frau gehört in die Familie und der Mann in das Erwerbsleben.
Die Motivation und die Fähigkeiten für derartig verschiedene Arbeitsbereiche lernen sich natürlich nicht von heute auf morgen. Deshalb beginnt die Dressur vom ersten Tag der Geburt des Menschen an:
Mädchen werden zu Frauen und für die Familie erzogen und Jungen zu Männern und für den Beruf draußen. Wenn «alles gutgeht», werden aus Mädchen «richtige» Frauen, das heißt sie sind hübsch, passiv, mitfühlend, anlehnungsbedürftig, unselbständig und opferbereit. Und, «geht alles gut», werden die Jungen «richtige» Männer, das heißt selbständig, tüchtig, intelligent, kräftig, aktiv.
Inzwischen gibt es eine Fülle von Literatur, insbesondere aus den beiden letzten Jahrzehnten, die eingehend schildert, wie wir von Kindheit an unsere Geschlechtsrollen einüben.[1] Mit Biologie hat das wenig zu tun. «Weiblich im Unterschied zu männlich ist die Fähigkeit zu gebären. Der Rest bleibt Spekulation.»[2]
Auch ich glaube nicht an sogenannte «weibliche» und sogenannte «männliche» Eigenschaften. Wir werden geboren mit einem Bündel von *menschlichen* Eigenschaften, verschieden nicht nach dem Geschlecht, sondern verschieden von Mensch zu Mensch. Aber diejenigen Eigenschaften, die wir für unsere weiblichen oder männlichen

Rollen innerhalb der gesellschaftlichen Arbeitsteilung benötigen, werden von der Umwelt vorgelebt und gefördert; diejenigen, die störend wirken, werden mit der Zeit von selbst abgelegt oder abtrainiert.

Männer und Frauen werden also von Kindheit an *deformiert*. Der Mann wird geformt zum starken Helden, zum erfolgreichen Erwerbstätigen und Karrieremacher und möglichst rücksichtslosen Rivalen, mit verödetem Gefühlsleben, unsensibel und zunehmend unfähig, über sich und seine Gefühle zu reden. Wenn die Frauen dieses Buches ausnahmslos berichten, daß sie mit ihren Ehemännern über die gegenseitigen menschlichen Probleme und Konflikte in der Ehe noch nicht einmal reden konnten, so ist dies leider typisch.

Frauen werden geformt zu liebevollen und geduldigen Ehefrauen, zu zärtlichen und hingebungsvollen Müttern, opferfreudig, passiv und unselbständig.

Ihre Deformation erscheint mir noch um einiges radikaler als die der Männer. Das weibliche Lebensmotiv heißt nämlich Selbstaufopferung, *für andere da zu sein*. Das ist viel mehr als Rollendressur. Es bedeutet den *Verzicht* auf das *eigene Ich*. Frauen – noch immer in ihrer Mehrzahl – verstehen sich als Ehefrauen, als Mütter, als Töchter – selten als Frauen an sich. Sie sind bestimmt, ein Leben aus zweiter Hand zu führen, immer bezogen auf einen anderen Menschen.

Bezeichnend waren die Worte Papst Paul VI. als Beitrag zum Jahr der Frau 1975:

«Wir wünschen einen Fortschritt für die Funktion der Frau in Beruf und Gesellschaft.» Gleichzeitig müßten jedoch die Würde und die Mission der Frau gewahrt bleiben. Gott habe sie zur «empfindsamen Tochter, zur starken und reinen Jungfrau, zur liebenden Ehefrau und besonders zur heiligen und würdevollen Mutter und schließlich zur frommen und arbeitsamen Witwe» bestimmt.[3]

Würde und Mission der Frau also immer in Bezug zu anderen, zu ihren Eltern, zu den Kindern, zum Mann.

Frauen sind gehorsame Töchter, besorgt um das Wohl der Mütter und Väter fügen sie sich deren Wünschen. Sie werden liebevolle Ehefrauen und sorgen dafür, daß ihre Männer erfolgreich im Beruf, fröhlich und zufrieden sind. Sie sind opferfreudige Mütter, jederzeit bereit, alles für die Kinder zu tun und alles für sie zu geben. Sind die Kinder erwachsen, dann pflegen sie die greisen Eltern und Schwiegereltern und bereiten ihrem Ehemann einen bequemen und sonnigen Lebensabend. Ist der Ehemann gestorben, sind sie die Witwe des Mannes, bewahren ihm ein ehrendes Angedenken und üben selbstlose Nächstenliebe bei Caritas oder in anderen Ehrenämtern.

Frauen müssen darauf verzichten, sie selbst zu sein.
Diese Bereitschaft zum Verzicht auf eigene Wünsche und Bedürfnisse und damit auf ein eigenbestimmtes Leben wird in allen Berichten der Frauen dieses Buches deutlich. Verzicht auf einen Beruf, der Spaß macht, Verzicht auf eigenes Geld, Verzicht auf Kinder, die sie sich wünschen, Verzicht auf Freunde, Verzicht auf Lust in der Sexualität. Verzicht anderen zuliebe.
Ich habe die Berichte von Verena und Johanna an den Schluß gestellt, weil hier deutlich wird, daß diese weibliche Verzichtshaltung unabhängig ist vom sozialen Status des Elternhauses und von der Ausbildung. Beide Frauen stammen aus wohlsituierten Familien, sie sind privilegiert, machen Abitur und können studieren. Aber beide erleben eben auch Elternhäuser, wo Mütter die weibliche Verzichtsrolle vorleben. Verena sagt in bezug auf die Ehe ihrer Eltern: «Die Abhängigkeit und diese Rollen. Der Mann verdient das Geld, und die Frau hat dafür zu sorgen, daß es dem Mann damit gutgeht.» Sie erkennt also die Situation intellektuell, aber sie kann sich dennoch in ihrem Innern nicht davon lösen. Sie hütet die kleinen Brüder und trägt die Verantwortung, wenn sie etwas ausfressen. Ihren Eltern zuliebe verzichtet sie auf eine selbständige Partnerwahl. Sie verzichtet dem Mann zuliebe auf ein eigenständiges Berufsleben, obwohl keine Kinder da sind, auf die sie ebenfalls verzichtet. Sie kocht, putzt, wäscht für den Mann und spielt abends ihm und seiner Karriere zuliebe gesellschaftliche Dekorationsfigur.
Johanna spricht es am deutlichsten aus:
«Ich bin einfach nie auf die Idee gekommen, daß man ein vom Mann unabhängiges Dasein führen kann und ob man sich das überhaupt wünschen darf, wünschen sollte. Ich wollte einem Mann seine Möglichkeiten ermöglichen.» Sie hat Angst davor, selbständig zu werden wie der Vater, «dann hat mich keiner lieb, dann bin ich ja männlich».
Nichts bestimmt das Verhalten des Individuums so sehr wie die Erwartungen, welche die Gesellschaft an es stellt.[4]
Welcher Mann hat keine Angst davor, «weibliche» Eigenschaften zu zeigen und ein Schwächling oder eine Heulsuse oder ein Pantoffelheld genannt zu werden?
Welche Frau hat keine Angst davor, eigenständig und couragiert zu sein, Freude an ihrem Beruf zu haben und in den Augen ihrer Freunde und Bekannten als Blaustrumpf oder Mannweib oder Rabenmutter zu gelten?
Männer wollen ihre männliche Rolle spielen und Frauen ihre weibliche, weil sie zutiefst davon überzeugt sind, nur in dieser Rolle vom

anderen Geschlecht anerkannt und geliebt zu werden; weil sie glauben, nur so sich selbst achten zu können.
Schlimm ist daran, daß Männer ihre Rolle auf Kosten der Frauen spielen müssen. Tragisch ist es, daß Frauen dabei den kürzeren ziehen.

8. Ende der Hausfrauenehe

Frauen, so wiederhole ich, ziehen den kürzeren beim gegenseitigen Rollenspiel. Das zeigt sich am krassesten dann, wenn die Szenerie für die weibliche Hauptrolle als Hausfrau und Mutter zerbricht, das heißt, wenn die Hausfrauenehe scheitert. Ich denke, das ist deutlich geworden aus dem, was ich bisher über geschiedene Familien-Hausfrauen berichtet habe.

Mindestens in Sachen Hausfrauenehe sollte sich also zugunsten von Frauen etwas ändern. Darin bin ich sicher mit vielen einer Meinung. Die Frage ist, *was* ist zu tun.

Können wir Hausfrauenehen kitten, stabilisieren, die Scheidungsraten senken? Nichts wird helfen – ich werde zeigen warum.

Meiner Meinung nach gibt es nur eine ehrliche Lösung: wir sollten das ungleiche Rollenspiel der Hausfrauenehe für immer beenden. *Ich plädiere für das Ende der Hausfrauenehe.* Ende der Hausfrauenehe in dem Sinne, daß sie erst gar nicht begonnen wird. Das mag hart klingen in manchen Ohren, aber ich weiß, wovon ich rede. Hausfrauenehen sollte es in zukünftigen Generationen nicht mehr geben.

Ich plädiere dafür aus mehreren Gründen:

1.

Die Hausfrauenehe unserer Zeit ist ein Risiko, das Frauen nicht länger zuzumuten ist. Heute schon ist die Chance mindestens 1 : 3, daß die Ehe früher oder später scheitert und Familien-Hausfrauen dann vor dem wirtschaftlichen Nichts stehen. In den kommenden Jahrzehnten wird die Zahl der Ehescheidungen noch weiter steigen.[1]

Ich habe gezeigt, daß beim Scheitern der Hausfrauenehe auf Unterhalt kein Verlaß ist. Falls überhaupt Unterhalt gezahlt wird, ist er in der Regel kaum mehr als ein Almosen, von dem die geschiedene Hausfrau nicht leben kann. Frauen, die der Familie zuliebe ihren Beruf aufgaben oder in Erwartung ihrer Familienrolle keinen Beruf erlernten, sind überwiegend nach der Ehescheidung gezwungen, eine Erwerbstätigkeit auszuüben, wollen sie nicht aufs Sozialamt angewiesen sein oder den Rest ihres Lebens mit Unterhaltsprozessen verbringen. Da ihnen Berufsausbildung und/oder Berufserfahrungen fehlt, müssen sie mit einfachen und schlecht bezahlten Erwerbstätigkeiten vorlieb nehmen.

Ihre wirtschaftliche Situation ist entsprechend miserabel, ihre Alterssicherung ist minimal.
Geschiedene Familien-Hausfrauen erwartet nicht nur eine wirtschaftliche, sondern auch eine seelische Katastrophe.[2] Als junge Frauen hatten sie ein Leben für Mann und Kinder geplant. Die Familie sollte Inhalt ihres Lebens sein. Dieser Lebensplan stellt sich eines Tages als Fehlplanung heraus. Die Ehe ist gescheitert und plötzlich nun sollen diese Frauen aus dem Nichts heraus ein völlig neues Leben beginnen. Dies geschieht meist im vorgerückten Alter und in einer Gesellschaft, die erwartet, daß ihre Bürger in der Jugend Leben und Beruf planen. Es geschieht nach Jahren der Geborgenheit in der Familie und einem zurückgezogenen Hausfrauendasein im privaten Bereich. Von heute auf morgen wird denselben Frauen zugemutet, mit Selbstbewußtsein ins Erwerbsleben zu treten, ein Selbstbewußtsein, das sie nie trainiert haben. Kaum einer hat Verständnis für ihre Mutlosigkeit und ihre tausend Ängste.
Am wenigsten Verständnis dafür haben ihre Ehemänner, die sich von Anfang an ungestört in ihrer Berufslaufbahn entfalten konnten und beim Scheitern der Ehe auf einem gesicherten beruflichen Hintergrund und vor einer gesicherten beruflichen Zukunft stehen. Auch ihr Privatleben ist mit dem Scheitern der Ehe empfindlich gestört. Aber es ist eben nur die eine Hälfte ihres Lebens und sie können Stärke und Bestätigung aus ihrer anderen – beruflichen – Hälfte erhalten. Familien-Hausfrauen haben keine solche Hälfte. Für sie geht mit dem Zusammenbruch ihres Privatlebens radikal alles in die Brüche.
Hinzu kommen die seelischen Belastungen durch die Kinder, die meist bei der Mutter bleiben. Die Kinder haben ausnahmslos durch die Jahre des offenen oder stillen Ehekriegs gelitten. Sie müssen nun mit mehr oder weniger schweren Störungen ihres Gemütslebens fertig werden und erwarten von ihren Müttern – zu Recht – unendliche Geduld und Mühe. Fast alle Mütter dieses Buches geben eindrucksvolle Berichte von diesen Problemen.
Natürlich berichten geschiedene Familien-Hausfrauen in ihrer Mehrzahl auch, daß sie mit ihren seelischen Nöten und denen der Kinder mit der Zeit fertig geworden sind. Sie zeigen, daß sie sich allmählich aus eigener Kraft eine – wenn auch meist bescheidene – eigene wirtschaftliche Existenz aufgebaut haben.
Aber niemand mag unterschätzen, wieviel unendliche Kraft für so einen Neuanfang notwendig ist. Es gibt genug traurige Fälle, in denen die Kraft nicht ausgereicht hat.
Die Hausfrauenehe ist ein Risiko.
Ich sehe auch kein Mittel, dieses Risiko zu verkleinern.

Eines der untauglichsten Mittel wäre mit Sicherheit, die Scheidungsgesetze zu verschärfen und Scheidungen juristisch zu erschweren. Leute, die von der Materie keine Ahnung haben, bieten dies oft als Patentrezept an und machen gleichzeitig das neue liberale Scheidungsrecht zum Sündenbock des Ehe-Dilemmas. Derartigen – gutwilligen und böswilligen – Träumern mag vor Augen geführt werden, daß die Zahl der Ehescheidungen seit mehr als 20 Jahren stetig und heftig gestiegen ist. Übrigens nicht nur bei uns, sondern auch in allen anderen europäischen Ländern.[3] Bis 1977 galt bei uns ein relativ strenges Scheidungsrecht. Ehen durften nur bei schwerwiegendem Verschulden des anderen Ehegatten und ohne ein solches Verschulden nicht gegen dessen Widerspruch geschieden werden.[4] Dennoch wurden von Jahr zu Jahr mehr Ehescheidungsurteile gefällt. Das Gesetz wurde umgangen, der Ehepartner wurde erpreßt, vor Gericht wurde Theater gespielt und allzu oft wurde in der Endphase des gerichtlichen Ehekriegs das letzte noch heile eheliche Porzellan zerschlagen.
Im übrigen wäre auch bei dem strengsten Scheidungsrecht kein Kraut dagegen gewachsen, daß sich der eine Ehepartner vom anderen für immer trennt. Bekanntlich lebten und leben in dieser Form – endgültige Trennung ohne Scheidungsurteil – eine große Anzahl von Ehepaaren, aus steuerlichen oder sonstigen Gründen. Die wirtschaftlichen Probleme für die Familien-Hausfrau sind bei der Trennung fast die gleichen wie bei der Scheidung: Zahlt der erwerbstätige Ehemann keinen oder zu wenig Unterhalt, so ist die Frau auf eine eigene Erwerbstätigkeit oder auf das Sozialamt angewiesen.
Kein Gesetz der Welt kann eine zerbrochene Ehe kitten. Falsche Hoffnungen auf den Gesetzgeber sind nichts anderes als eine bequeme Selbsttäuschung.

2.
Ich warne Frauen vor der Hausfrauenehe aus einem zweiten Grund: Familien-Hausfrauen, deren Hauptaufgabe in der Betreuung der Kinder liegt, werden zu früh arbeitslos.
«Es ist shocking, was mit den Müttern in unserem Lande geschieht. Sie sterben mit 40 und erst mit 80 werden sie beerdigt.» So sagte es Dr. Ruth Osborne, eine Ökonomin an der George-Washington-Universität in Washington, D. C./USA.[5] Sie richtete für Frauen über vierzig Fünfzehn-Wochen-Kurse mit dem Namen «Developing New Horizonts» – Entwicklung neuer Horizonte – ein und überreichte ihnen bei erfolgreichem Abschluß des Kursus ein Zertifikat.
Das Problem ist relativ neu. Noch vor circa 100 Jahren war das Leben

einer Frau mit dem Gebären und Aufziehen der Kinder voll ausgefüllt. In der Regel bekam sie mindestens ein halbes Dutzend Kinder und starb, falls dies nicht bereits im Kindbett geschah, spätestens um die 40.[6] Heute liegt die durchschnittliche Kinderzahl bei 1,8 Kindern[7] und die Mütter werden doppelt so alt wie ihre Ahnen.

Frauen unserer Zeit sind also gerade erst in der Mitte ihres Lebens, wenn die Kinder das Haus verlassen. Männer im gleichen Alter, zwischen 40 und 50, gelten als Menschen in den besten Jahren, voller Dynamik und Lebenskraft. Sie haben, so sagt und sieht man, noch eine ganze Menge vor sich, beruflich, politisch, persönlich.

Frauen dagegen, die keine Veranlassung hätten, sich weniger jung und tatkräftig als Männer gleichen Alters zu fühlen, wird in den Jahren zwischen 40 und 50 der Arbeitsplatz leergeräumt. Falls sie sich nicht entschließen, sich gleich aufs Altenteil zurückzuziehen, stehen die meisten vor einer großen Leere. Freundlicherweise werden sie nun plötzlich ermuntert, «neue Horizonte» zu entwickeln. Wie wär's mit caritativer oder sonstiger ehrenamtlicher Tätigkeit, mit künstlerischer oder handwerklicher Beschäftigung, mit einem Einstieg in einen kleinen Job?

Mir wird oft vorgehalten, Hausfrauen mit erwachsenen Kindern seien dazu da, die «weißen Flecken» in unserer Gesellschaft auszufüllen, also die vielen unbezahlten Tätigkeiten der Nächstenliebe in der Krankenpflege oder Altenbetreuung oder sonstwo. Ich frage dagegen: Was ist das für eine Gesellschaft, die die tätige Nächstenliebe – Aufgabe und Anliegen *jedes* erwachsenen Menschen – ausschließlich an Hausfrauen delegiert und so ihr schlechtes Gewissen übertüncht?

Mir wird auch ernsthaft entgegengehalten, die Frau müsse einmal weiter Gesprächspartner der erwachsenen Kinder bleiben, und im übrigen sei es eine herrliche Aufgabe, die Enkel zu hüten.

Dazu meine ich, daß *jeder*, Frau oder Mann, berufstätig oder nicht, genug Zeit haben sollte, um Gesprächspartner seiner engsten Freunde, insbesondere seiner Kinder zu sein. Ist diese Zeit nicht übrig, so darf ein Fragezeichen hinter das Ausmaß seiner Betriebsamkeit gemacht werden.

Zum Thema der Enkel halte ich es für sehr fraglich, ob die Mehrzahl selbst begeisterter Großmütter Lust verspürt, nach den Kindern nun die Enkel großzuziehen. Aber selbst, wenn derartige Lust vorhanden ist, fehlt es oft an der Gelegenheit. Entweder sind überhaupt keine Enkel da oder sie weilen in der Ferne. Außerdem müßte ein Befürworter solcher weiblichen Lebenspläne in erster Linie fordern, daß die Mutter der Enkel zu Hause bleibt, um sie selbst zu betreuen.

Vorschläge wie diese zeigen aber deutlich, daß Außenstehende – in der

Regel Männer oder Frauen in langjährigen gesicherten Berufspositionen – kaum die nötige Phantasie aufbringen, um die Schwierigkeiten von Hausfrauen im mittleren Alter mit erwachsen gewordenen Kindern zu verstehen oder gar nachzufühlen.
Erfreulicherweise meistern viele dieser Frauen ihre Schwierigkeiten. Es gelingt ihnen, sich einen neuen Lebensinhalt zu schaffen, mit dem sie zufrieden werden. Dies geschieht übrigens nicht selten gegen den heimlichen oder offenen Widerstand des Ehemannes. Er ist verwöhnt aus den Jahren an der Seite einer hauptamtlichen Hausfrau und möchte nun auf keinerlei Bequemlichkeit verzichten. Viele Frauen erzählen mir von der eindeutigen Bedingung des Mannes für jede Art weiblicher außerhäuslicher Tätigkeit: der Haushalt darf keinesfalls darunter leiden – alles muß bleiben wie bisher! Männliche Hilfsleistungen, um der Frau das neue Engagement nach außen zu ermöglichen und erleichtern, stehen oft nicht einmal zur Debatte.
Erschreckend viele Frauen scheitern aber auch an ihren Schwierigkeiten. Sie stehen hilflos vor dieser großen Leere, fühlen sich vom Partner unverstanden und flüchten sich in Krankheit und Depression. Das bestätigen neuere wissenschaftliche Untersuchungen (*«empty-nest-situation»*).[8] Die Umwelt bemitleidet dann die kränkelnden Frauen und schiebt es mit Vorliebe auf die berühmten Wechseljahre, die immer dann herhalten müssen, wenn die Wahrheit unbequem wird.[9]
Ich habe wenig Lust auf einen Fünfzehn-Wochen-Kursus zur «Entwicklung neuer Horizonte». Ich wünsche ihn auch nicht meiner Nachbarin und nicht meiner Tochter. Wenn wir so weit gekommen sind, daß derartige Hilfsmaßnahmen für Frauen notwendig werden und wenn Frauen sich solche Trostpflästerchen zumuten lassen müssen, dann muß, so denke ich, in unserer Gesellschaft etwas nicht in Ordnung sein.

3.
Ich bin gegen die Hausfrauenehe aus einem weiteren Grund:
Die Machtverhältnisse in der Hausfrauenehe sind einseitig verteilt.
Wirtschaftliche Macht hat allein der Ehemann. Er ist zuständig für die außerhäusliche Erwerbstätigkeit und verdient daher allein das Geld. Da die Frau für sich und die Kinder ebenfalls Geld zum Leben braucht, ist sie darauf angewiesen, daß ihr Mann ihr einen angemessenen Teil des Geldes freiwillig überläßt. Damit ist sie wirtschaftlich vollkommen von ihm abhängig.
Mir haben zahlreiche Ehefrauen und Ehemänner glaubwürdig beteuert, dieses Problem spiele in ihrer Ehe überhaupt keine Rolle. Es exi-

stiere ein gemeinsames Konto oder der Mann liefere gar das gesamte Geld an die Frau ab.

Ich weiß, daß es tatsächlich in vielen harmonischen Ehen unwesentlich ist, *wer* das Geld verdient.

Dennoch wiederhole ich meine oben aufgestellte Behauptung. Die wirtschaftliche Macht des Mannes mag nicht sichtbar werden, solange die Partner sich gut verstehen und in allem einig sind. Das ändert sich schlagartig in dem Moment, in dem der Haussegen aus irgendeinem Grunde schief hängt. Ich habe das leider in meinem Beruf hundertfach erlebt, daß plötzlich Geld das Machtmittel Nummer eins wird, mit dem der andere Partner erpreßt werden kann. Frauen erfahren dann spätestens am Bankschalter, daß ihnen die Kontovollmacht entzogen wurde. Sie fangen an, um jede Mark Haushaltsgeld zu bitten, vom Taschengeld ganz zu schweigen. Es gibt sogar erboste Ehemänner, die den Einkauf im Supermarkt selbst erledigen, um der Frau kein Geld in die Finger geben zu müssen. Dem Einfallsreichtum, Geld als Machtmittel auszuspielen, sind keine Grenzen gesetzt. Ich habe Fälle erlebt, in denen der Mann seiner Frau mit den Worten drohte «wenn du nicht mit mir schläfst, kriegst du hundert Mark Haushaltsgeld weniger».

Aber auch unabhängig von derartigen ehelichen Kriegsfällen besitzt der Mann, der allein das Geld verdient, wirtschaftliche Macht. Macht ist auch dann vorhanden, wenn sie nicht sichtbar wird. Ausschlaggebend ist allein die Tatsache, *daß Macht jederzeit ausgeübt werden kann.*

Diese *Möglichkeit* für den Mann, sein Geld *als Machtmittel einzusetzen*, ist nach meiner Erfahrung die größte Belastung für eine eheliche Partnerschaft.

Dabei lege ich allerdings die Betonung auf «Partnerschaft». Die alte patriarchalische Ehe, die den Mann als starken Baum sieht, um den sich die Frau wie das Efeu rankt, in der der Mann bestimmt und die Frau gehorcht, diese Art von ehelicher Beziehung ist hier nicht gemeint. Auch eine solche Beziehung mag sehr glücklich gelebt werden, aber sie gehört meines Erachtens mehr und mehr der Vergangenheit an und ist kein Modell für die Gegenwart, geschweige denn für die Zukunft. Wenn ich hier von Partnerschaft als meinem Ideal einer dauerhaften ehelichen oder eheähnlichen Verbindung zweier Menschen rede, so meine ich die gleichgewichtige Beziehung zwischen zwei gleichberechtigten Menschen. Man könnte sie mit einer Waage vergleichen, die nur dann im Gleichgewicht ist, wenn beide Waagschalen gleich schwer belastet sind.

Ich sehe die Waagschalen in der ehelichen Partnerschaft der Hausfrauenehe nicht im Gleichgewicht. Einseitige finanzielle Stärke ist ein

zu großes Gewicht zugunsten dessen, der sie hat. Das mag von beiden Partnern nur wenig bemerkt werden. Sehr oft sorgen auch die Frauen dafür, daß das Gewicht des Geldes nicht sichtbar wird. Wir hören es zum Beispiel in den Berichten des Buches, daß Männer entscheiden, was mit (ihrem) Geld gemacht wird und Frauen sich diesen Entscheidungen fügen. «Wir sind uns immer einig», heißt es dann.
Ganz deutlich wird die männliche Machtposition dann, wenn die Ehe nicht klappt und die Partner sich trennen. Ich habe noch nie gehört, daß dann von «unserem» Geld die Rede ist. Klar und ungeschminkt geht es dann allein um das Geld *des Mannes*, von dem er (meist) höchst ungern der Frau in Form von Unterhalt etwas zukommen läßt; und das auch nur dann, wenn sie sich entsprechend «gut» benimmt.

4.
Ich plädiere aus einem letzten Grund für das Ende der Hausfrauenehe. Die Hausfrauenehe ist nicht nur ein Risiko, weil sie oft zerbricht, sie macht Frauen nicht nur wirtschaftlich abhängig und möglicherweise zu Frührentnern, sie birgt in sich auch darüber hinaus vielfältige Aussichten für eine unglückliche Partnerschaft.
Ich weiß, ich betrete hier ein besonders heikles Gebiet, und ich werde versuchen, mich so vorsichtig wie möglich darin weiterzubewegen. Am Horizont sehe ich Hunderttausende von glücklichen Ehefrauen und Ehemännern, die versichern werden, daß ihre Hausfrauenehe die glücklichste der Welt sei. Ich werde das nicht bestreiten. Ich sage nicht, alle Hausfrauenehen seien unglücklich. Aber ich behaupte, daß die Voraussetzungen für eine glückliche Partnerschaft dort denkbar schlecht sind.
Der Grund liegt wiederum in der für die Hausfrauenehe typischen Arbeitsteilung zwischen den Partnern. Die Frau ist zuständig für Kinder und Familie, der Mann für das Erwerbsleben. Damit leben und arbeiten die beiden Ehepartner in zwei völlig verschiedenen Lebensbereichen, übrigens in zwei Bereichen, die noch vor circa 100 Jahren, als Familie und Arbeitsplatz zusammengehörten, von den meisten Menschen als Einheit gelebt wurden. Bei der Trennung Familie einerseits, Arbeitsplatz andererseits, handelt es sich also nicht um eine gewöhnliche Arbeitsteilung, wie sie häufig innerhalb eines Arbeitsprojekts vorgenommen wird, wenn zum Beispiel in einem kaufmännischen Unternehmen der eine den Verkauf und der andere die Buchhaltung übernimmt. Es geht vielmehr darum, daß Privatleben und Broterwerb auseinandergerissen und in die alleinige Zuständigkeit von je einer Person verwiesen werden.

Diese Art von Arbeitsteilung zwischen Mann und Frau bringt nach meinen Erfahrungen und Beobachtungen für jeden der Beteiligten so spezielle und extrem unterschiedliche Probleme und Belastungen mit sich, daß die Partnerschaft ernsthaft gefährdet werden kann.
Ich skizziere einige dieser – möglichen – Belastungen:

Im Gegensatz zur vorindustriellen Gesellschaft, in der Mann und Frau weitgehend als Arbeitskollegen [10] mit einem gemeinsamen wirtschaftlichen Zweck, zum Beispiel als Bauersleute oder als Handwerkerhepaar, zusammenarbeiteten, arbeitet und lebt das Ehepaar von heute den größten Teil des Tages isoliert voneinander in Arbeitsbereichen, die dem anderen Partner unbekannt und fremd sind und fremd bleiben.
Dies gilt besonders für den Mann. Die Arbeit der Frau im familiären Betrieb hat er meist nie kennengelernt und, da sie als «unmännlich» gilt [11], hält er sich von ihr so fern wie möglich. Ausnahmen bestätigen die Regel. Er beneidet die Frau, die sich im Gegensatz zu ihm die Arbeitszeit selbst einteilen kann, wegen dieses Vorteils, ohne die wirkliche Arbeitsbelastung zu kennen. Da es für Hausarbeit typisch ist, daß man nur das von ihr sieht, was *nicht* getan ist, ist sie in der Phantasie des Mannes oft nicht mehr als ein Hobby, das «nebenbei» erledigt wird.
Fremd bleibt dem Mann auch zum größten Teil die wichtigste Aufgabe der Familien-Hausfrau, nämlich die Erziehung und Betreuung der Kinder. Der Vater erlebt seine Kinder nur in der kurzen Zeit am Feierabend, dann, wenn er selbst meist ruhebedürftig ist. Ich kann hier nicht auf die Probleme der Kinder, verursacht durch das Fernsein ihrer Väter, eingehen. In den letzten Jahren gibt es zunehmend mehr wissenschaftliche Literatur, die sich mit den traurigen Folgen unserer vaterlosen Gesellschaft für die Kinder befaßt. [12] Ich denke, es ist auch eine Belastung für die Partnerschaft, wenn die Mutter mitansehen muß, wie der Vater für die Probleme der gemeinsamen Kinder nicht sonderlich viel Verständnis aufbringt und sie im wesentlichen ihr allein überläßt.
Ähnlich fremd bleibt der Frau der Arbeitsbereich des Mannes. Allerdings war sie meist vor oder zu Anfang der Ehe selbst erwerbstätig und hat so wenigstens eine gewisse Ahnung, wie es im Erwerbsleben zugeht. Aber auch sie verliert mehr und mehr das Verständnis dafür und hat zunehmend Schwierigkeiten, Rivalitätsdenken, Konkurrenz- und Leistungsdruck der männlich geprägten Arbeitswelt nachzuempfinden.
Was ich nicht kenne, kann ich auch nicht anerkennen. Viele Ehen lei-

den darunter, daß ein Ehegatte vom anderen Anerkennung und Bestätigung für seine Arbeit erwartet und nicht bekommt. Besonders schlimm ist hier die Situation der Familien-Hausfrau im Gegensatz zu der des Ehemannes. Natürlich leiden auch viele Ehemänner unter der mangelnden Anerkennung ihrer Arbeit durch ihre Frauen. Da die Frau oft nicht weiß, mit welchen Schwierigkeiten ihr Mann zu kämpfen hat, hält sie beruflichen Erfolg für selbstverständlich und grollt, wenn der Mann nicht recht weiterkommt.

Der Mann ist jedoch in der glücklichen Situation, in seiner Berufswelt selbst Anerkennung und Bestätigung zu finden. Da gibt es Kollegen, die ihn als guten Mitarbeiter schätzen, Chefs, die ihn manchmal loben, Gehaltserhöhungen und Beförderungen. Derartig sichtbare Früchte erfolgreicher Arbeit werden dann auch von Freunden und Bekannten und in der Regel auch von der Ehefrau entsprechend gewürdigt.

Solche sichtbaren Früchte fehlen im Arbeitsbereich der Frau nahezu vollständig. Die Art der Arbeit bringt es mit sich, daß fast nie Arbeitserfolge, sondern überwiegend nur die Mißerfolge äußerlich sichtbar werden. Ich sagte das schon von der Hausarbeit, von der nur das wahrnehmbar ist, was *nicht* getan wurde. Ich selbst ertappe mich dabei, daß ich ein sauberes und aufgeräumtes Zimmer betrete und dabei völlig die Arbeit derer vergesse, denen ich das Ergebnis zu verdanken habe. Meine These gilt nicht nur für Hausarbeit, sondern auch für die Kindererziehung. Gedeihen die Kinder, sind sie fröhlich und aufgeweckt, einigermaßen gut in der Schule und beliebt bei den Freunden, so ist dies in den Augen der Umwelt ganz selbstverständlich. Die Mutter selbst würde sich nie erdreisten, dies als Erfolg ihrer Arbeit anzusehen. Erst wenn die Kinder Schwierigkeiten haben, Schulversager sind oder/und zu Rauschgift greifen, dann liegt es vor allem an der Mutter, die hier oder dort versagt haben muß.

Da sichtbare Früchte im Arbeitsbereich der Frau derartig rar sind, fällt es dem Mann, zumal ihm der Bereich fremd ist, naturgemäß besonders schwer, die Arbeit seiner Partnerin anzuerkennen. Auf ihn und seine Anerkennung ist diese aber weitgehend angewiesen, da niemand sonst da ist, der es tun könnte.

Problematisch für die eheliche Partnerschaft einer Hausfrauenehe ist weiterhin die Tatsache, daß der Arbeitsbereich der Frau zugleich Ruhe- und Erholungsort des Mannes ist. Es gehört zu den Arbeitsaufgaben der Frau, für die Mitglieder der Familie da zu sein und für sie zu sorgen – außer für die Kinder vor allem für den Ehemann. Der Mann erwartet also – bei dieser Arbeitsteilung zu Recht! –, daß die Ehefrau ihm das Essen kocht, sein Zimmer putzt, seine Hemden wäscht und

die Hosen bügelt. Im Klartext heißt das, die Frau hat den Mann zu bedienen.
Viele Frauen tun das – wie sie sagen – gern. Wie stark aber bei solchen persönlichen Diensten unbewußte Aggressionen des bedienenden Ehepartners gegenüber dem anderen entstehen können, überlasse ich der Phantasie und der Erinnerung der geneigten Leserin.
Die persönliche Dienstleistung der Frau geht noch weiter. Der Mann, der in der Regel aus einer sachlich kühlen Arbeitswelt, in der Gefühle keinen Platz haben, nach Hause kommt, erwartet von der daheimgebliebenen Frau Wärme, Anteilnahme und Zuwendung. Dagegen wäre nichts einzuwenden – aber die eheliche Gefühlszufuhr geschieht meist in einer Einbahnstraße: die Frau gibt und der Mann nimmt. Der Mann wird dadurch – oft unfreiwillig – immer stärker zum Egoisten, unsensibel für die Gefühle seiner Partnerin und anderer Menschen.

Der extrem unterschiedliche männliche und weibliche Arbeitstag weckt außerdem bei den Partnern gegensätzliche Bedürfnisse als Ausgleich für die Freizeit. Während der Mann gewöhnlich aus einer Berufswelt voller Menschen und Betriebsamkeit und Hektik heimkehrt und sich danach sehnt, allein im Kreis der Familie einen ruhigen Feierabend zu genießen, hat die Frau den Tag zurückgezogen in der Familie verbracht und möchte gern raus aus den vier Wänden. Sie braucht Anregung von draußen und will unter Menschen, zum Beispiel zu Freunden, ins Kino oder Theater. Natürlich könnte sie grundsätzlich diese Wünsche auch allein verwirklichen. Aber abgesehen davon, daß sie diese Außenwelt vielleicht gern zusammen mit ihrem Partner erleben möchte, reagiert dieser meist verdrossen auf weibliche Alleingänge. Da die Frau gelernt hat, auf ihre eigenen Bedürfnisse zu verzichten, bleibt sie dem Familienfrieden zuliebe daheim. Auf die Dauer merkt sie noch nicht einmal selbst, daß sie dabei unzufrieden wird. Die Kinder, beliebte Ablaßventile für elterliche Frustration, merken es zuweilen . . .

Die bisher aufgezählten möglichen Belastungen der ehelichen Partnerschaft werden im Laufe der Ehejahre meist nicht geringer, sondern größer. Im allgemeinen dehnt sich nämlich die berufliche Tätigkeit des Mannes mit der Zeit mehr und mehr aus, während die Familientätigkeit der Frau im allgemeinen von Jahr zu Jahr schrumpft und in ihrem Hauptteil Kinderbetreuung eines Tages ganz entfällt.
Hatte die Frau mit kleinen Kindern eine Achtzig-Stunden-Woche zu bewältigen, wird ihre Arbeit mit dem Heranwachsen der Kinder immer weniger. Die Versuchung ist groß, die Arbeit der mütterlichen

Fürsorge künstlich zu erhalten: die Kinder werden über Gebühr bemuttert, am Selbständigwerden gehindert, zur Mitarbeit nicht herangezogen. Das Problem der Überbemutterung (*over-protection*) wird gerade in jüngster Zeit zunehmend mehr als ernstes Problem für die Kinder erkannt.[13]

Natürlich ist für die Frau auch die Versuchung groß, den Mann um seine berufliche Position und seine Erfolge zu beneiden. Neid ist eine der schlimmsten Belastungen für eine Partnerschaft. Verschiedene Frauen dieses Buches berichten davon. Der andere Weg ist der, sich als Frau zum Ausgleich für die schrumpfende eigene Lebensaufgabe mit den beruflichen Erfolgen des Mannes zu identifizieren. Die Frau fühlt sich nur noch als «Frau des Mannes». Die Zeit, in denen die Frau sogar mit dem Titel des Mannes angeredet wurde, ist noch nicht lange her. Als Folge davon muß die Frau dann auch übermäßig an beruflichen Erfolgen des Mannes interessiert sein. Der Slogan «Otto, aufstehen, Karriere machen!» ist leider kein Witz.

Bekömmlich ist diese Situation für keinen der Partner. Weder für den Mann, der sich zu Lorbeeren gedrängt fühlt, noch für die Frau, die von den Lorbeeren ihres Partners zehren muß.

Soweit mein Plädoyer gegen die Hausfrauenehe.

Es konnte nur skizzenhaft bleiben.

Aber hoffentlich ist wenigstens ein Teil der Gründe verständlich geworden, die mich zu diesem Plädoyer veranlaßt haben. Ich werde die Zustimmung vieler Frauen und einiger Männer finden. Das weiß ich aus zahlreichen Gesprächen, die ich zu diesem Thema geführt habe.

Ich werde auch auf lebhaften Protest stoßen. Soweit ein solcher Protest zu sinnvollen Diskussionen führen könnte, würde ich mich darüber freuen.

Wir, unsere Kinder und Enkel werden sicherlich in den kommenden Jahrzehnten eine Menge Phantasie und Mut aufbringen müssen, um in unserer Massengesellschaft mit isolierten Kleinfamilien wieder Wege zu dauerhaften und harmonischen Partnerschaften zu finden. Die Hausfrauenehe ist nach meiner Überzeugung kein Weg.

9. Alternative

Wenn nicht Hausfrauenehe – was dann?
Die Alternative ist so schwer nicht zu finden, vorausgesetzt, man geht der Sache wirklich auf den Grund.
Das Fundament der Hausfrauenehe ist unbestritten die unsere patriarchalische Gesellschaft noch immer prägende Arbeitsteilung zwischen Frau und Mann: die Frau ist – allein – zuständig für Kinder und Familie im häuslichen Bereich, der Mann ist – allein – zuständig für die (außerhäusliche) Erwerbstätigkeit.
Ich habe aufgezeigt, daß die auf diesem Fundament gegründeten Partnerschaften im Laufe unseres Jahrhunderts vor allem für Frauen zu unzumutbaren Risiken geworden sind. Frauen, die sich auf eine so aufgebaute Partnerschaft einlassen, riskieren lebenslange Abhängigkeit von ihrem Partner, ein frühes Rentnerdasein und wirtschaftlichen Ruin ohne jede Rückendeckung, falls die Partnerschaft in die Brüche geht. Auch Männer riskieren einiges: auch ihnen droht die Gefahr einer asymmetrischen, nicht befriedigenden Beziehung und bei deren Scheitern äußerst unangenehme Unterhaltszahlungen an Frau und Kinder.
Partnerschaften, die derartige Gefahren für die Beteiligten in sich bergen, sind also mit Sicherheit in ihrem Fundament nicht in Ordnung. Das ist kein Wunder. Das Prinzip der strikten Arbeitsteilung zwischen Mann und Frau stammt aus den Zeiten der vorindustriellen Großfamilie, in der die Frau ein Leben lang durch das Gebären und Stillen der Kinder an das Haus gebunden und wirtschaftlich durch die Großfamilie abgesichert war.
Für die Kleinfamilie unseres Industriezeitalters hat dieses Prinzip längst seinen Sinn verloren. Wir leben in einer Zeit, in der es für jeden erwachsenen Menschen notwendig geworden ist, sich durch einen Beruf eine eigene wirtschaftliche Existenz zu sichern. Für viele Menschen ist aus dieser Notwendigkeit zugleich ein Bedürfnis geworden, sich nämlich in einem Beruf eine sinnvolle Lebensaufgabe zu schaffen. Wir leben weiter in einer Zeit, in der Frauen durchschnittlich weniger als ein Viertel Dutzend Kinder zur Welt bringen.[1] Diese Kinder werden in der Regel nur einige Monate gestillt, besuchen Kindergarten und Schulen und gehen aus dem Haus, wenn die Mütter in der Mitte des Lebens stehen.
Es besteht also kein wahrer Grund mehr, warum Frauen, nur weil sie

Kinder gebären, auch rund zwanzig Jahre lang für diese Kinder und immer für den Haushalt allein zuständig sein sollen. Alice Schwarzer sagt es so: «Im Namen dieser an sich zweifelsohne positiven Fähigkeit, gebären zu können, werden Frauen dazu verurteilt, ihr Leben lang für andere zu kochen, zu putzen, zu waschen und zu trösten. Aus der Fähigkeit zur biologischen Mutterschaft folgert unsere Gesellschaft die Pflicht zur sozialen Mutterschaft.»[2]

Für diese Folgerung besteht längst kein Anlaß mehr. In Wirklichkeit ist es schon lange an der Zeit, an die biologische Mutterschaft endlich die *soziale Elternschaft* anzuschließen. Im Klartext heißt das: Mutter *und* Vater sind für Kinder und Familie verantwortlich.

Damit haben wir die Bausteine für eine neues Fundament. Nicht mehr Arbeits*teilung* zwischen Mann und Frau, sondern Arbeits*einteilung*. Jede Frau und jeder Mann ist zuständig für Beruf *und* Familie, für Erwerbstätigkeit und Privatleben.

Jeder Mensch in dieser Gesellschaft sollte also die Möglichkeit haben, einen Beruf zu erlernen und auszuüben, möglichst einen Beruf, der Spaß macht und eine ausreichende wirtschaftliche Existenz garantiert. Außerdem sollte jeder Mensch die Möglichkeit haben, in einer Familie – oder familienähnlichen Gemeinschaft – zu leben und sich Kinder zu wünschen. Haben Frau und Mann gemeinsame Kinder, so sind beide für diese und für den Haushalt in gleichem Umfang verantwortlich. Sie schränken ihre Berufstätigkeit so weit ein, daß Mutter und Vater persönlich die Kinder betreuen und groß werden lassen kann.

Doppelrolle ohne Doppelbelastung! Utopie?

Nein. Tatsächlich hat die Hälfte der Gesellschaft, nämlich die Frauen, den einen Teil des alten Fundaments längst eingerissen. Seit mehr als hundert Jahren beschränken Frauen ihr Leben nicht mehr auf die Familie, so wie es ihre Ahnen tun mußten und taten, sondern nehmen im Erwerbsleben einen festen Platz ein. Unsere gesamte Wirtschaft und Verwaltung würde zusammenbrechen, wenn von heute auf morgen Frauen ihre Arbeitsplätze verließen.[3] Mehr als ein Drittel aller Erwerbstätigen sind Frauen. Im Mai 1976 gab es in der Bundesrepublik rund 9,3 Millionen erwerbstätige Frauen im Alter zwischen 15 und 65 Jahren. Rund zwei Drittel (61,5 %) waren verheiratet, mehr als ein Drittel (37,5 %) hatten Kinder unter 18 Jahren zu betreuen.[4] Zahlreiche Untersuchungen aus den letzten Jahren geben Auskunft darüber, daß Frauen weitgehend nicht nur aus wirtschaftlicher Notwendigkeit, sondern vor allem aus Freude an der Arbeit – selbst an relativ einfacher Arbeit – berufstätig werden.[5]

Erschwert wird ihre Arbeitsfreude allerdings durch die «Doppelbelastung», denn außerhalb ihres Berufs sind sie selbstverständlich weitgehend allein für Kinder und Haushalt verantwortlich. Nach der in Fußnote 5 bereits erwähnten Untersuchung des Soziologischen Forschungsinstituts Göttingen über Arbeitsbedingungen und Arbeitsbewußtsein erwerbstätiger Frauen hatten 42 % der befragten Arbeiterinnen 30 und mehr Hausarbeitsstunden pro Woche neben ihrer Erwerbstätigkeit zu leisten![6]
Die andere Hälfte der Gesellschaft, die Männer, klebt nämlich im Gegensatz zu den Frauen noch am alten Fundament der patriarchalischen Arbeitsteilung. Bis heute haben Männer mit Ausnahme weniger Einzelfälle ihren Platz in der Familie bei Kindern und Haushalt nicht eingenommen.[7]
Solange aber dieser Einzug der Väter in die Familie nicht stattgefunden hat, fehlen noch wesentliche Bausteine für das neue Fundament.

Dabei wird es höchste Zeit für den Neubau! So wie wir Frauen außer in der Familie dringendst in *allen* Berufen brauchen, so dringend brauchen wir Männer außer in den Berufen in *allen* Familien.
Es wird höchste Zeit für Väter wegen der Kinder, die einen Anspruch darauf haben, außer der Mutter auch den Vater als verantwortliche Bezugsperson zu erleben. Die Grundlage für eine enge Beziehung zwischen Eltern und Kind wird in den ersten Lebensjahren gelegt. «Je näher ein Vater seinem Kind als Baby stand, je früher er sich angewöhnte, mit seinen Kindern zu spielen, desto leichter fällt es ihm, diese Beziehung weiterzuentwickeln, während das Kind heranwächst.»[8]
In den letzten Jahren häufen sich wissenschaftliche Berichte über kindliche Entwicklungsschäden durch ferne Väter.[9] Die vaterlose Gesellschaft fordert zu viele Opfer.

Es wird höchste Zeit auch für die Männer selbst! Jedenfalls für diejenigen, die die alte männliche Super-Mann-Rolle leid sind. Die allmählich einen Leidensdruck verspüren unter der Erwartung der Umwelt ihnen gegenüber, immer stark sein zu müssen, erfolgreich, karrierebewußt, alleinverantwortlich für das finanzielle Wohl der Familie. Diese Männer müssen endlich eine Chance haben, außer im Beruf auch als Privatmensch in der Familie tätig sein zu dürfen, wo andere Werte gefragt sind als die supermännlichen. Männer, die Kinder von klein auf betreuen, entwickeln und verstärken sicher ihre Fähigkeiten, Geduld zu üben, Egoismus zurückzustellen und Rücksichtnahme und Sensibilität gegenüber Schwächeren zu üben. «Auge um Auge, Zahn um Zahn» – diese gesellschaftliche Spielregel der männlichen Gesellschaft von heute hätte dann vielleicht keine Geltung mehr.

Und schließlich wird es höchste Zeit für Frauen, daß ihre Männer in die Familien zurückkehren und dort mitarbeiten. Alle schönen Sprüche über Gleichberechtigung und Emanzipation von Frauen einschließlich des erhabenen Artikel 3 des Grundgesetzes bleiben leeres Gerede und Makulatur, solange Männer nicht gleichermaßen wie Frauen auch Familienaufgaben übernehmen. Hier – und nur hier! – liegt der harte Kern der Emanzipation.[10] Erst wenn Arbeitgeber damit rechnen müssen, daß sowohl Frauen als auch Männer wegen der Betreuung eines kleinen Kindes einige Zeit ausfallen können, gibt es zum Beispiel Chancengleichheit auf dem Arbeitsmarkt.
Solange Männer den notwendigen und längst überfälligen Schritt in die Familie nicht getan haben, müssen Frauen wählen zwischen Hausfrauenehe unter Verzicht auf Beruf mit allen von mir aufgezeigten gefährlichen Folgen oder Stress der weiblichen Doppelbelastung Familie/Beruf. Junge Frauen zeigen immer mehr, daß sie sich keine dieser Alternativen zumuten. Sie verzichten konsequenterweise – wie ich weiß, oft schweren Herzens – auf Kinder. Es ist kein Zufall, daß die Geburtenrate in der Bundesrepublik (und in Europa) immer mehr sinkt. Aber sie sinkt *nicht* deshalb, weil emanzipierte Frauen keine Lust auf Kinder hätten, sondern weil *nicht emanzipierte Männer sich noch immer der Familie verweigern.*

Ich rechne damit, daß eine Menge Männer und Frauen meine Ideen – die nicht nur meine Ideen sind[11] – für völlig absurd halten.
Zwar haben Frauen inzwischen längst den Beweis erbracht, daß sie in jedem Beruf unserer Gesellschaft ihre Frau stehen, selbst in ehemals geheiligten Männer-Ressorts.[12] Daß aber andererseits Männer am Küchenherd und an der Babywiege ebenso selbstverständlich ihren Mann stehen sollen, übersteigt mancherorts bereits die Phantasie. Dabei werden die wenigen männlichen Musterexemplare aus der Praxis als Waschlappen abgetan.
Aber auch phantasielose Menschen erreichen einmal die Pensionsgrenze ...
Hoffnung geben mir – außer Frauen – vor allem junge Männer, mit denen ich über dieses Thema gesprochen habe. Bei ihnen entdecke ich nicht nur die nötige Phantasie, sondern glaubhafte Bereitschaft, aus der alten Arbeitsteilung auszusteigen. Ich erinnere mich zum Beispiel an ein Gespräch, das ich vor kurzer Zeit mit 16- und 17-jährigen Schülern eines Gymnasiums führte, in dem es zunächst um Berufswünsche und -vorstellungen der Schüler ging. Ich fragte sie dann, wie sie sich ihr Privatleben später vorstellen. Hier einige Auszüge aus den Antworten:[13]

Martin (16 Jahre):
«So ab 30 möchte ich heiraten. In jedem Fall möchte ich Kinder haben, zwei bis drei. Eventuell würde ich auch welche adoptieren. Hat die Frau einen sehr guten Beruf, dann würde ich am liebsten einen Kompromiß schließen, so zum Beispiel beide Teilzeitarbeit. Ich halte es auch für möglich, daß ich meinen Beruf wegen der Kinder eine Zeitlang ganz aufgebe. Aber eigentlich finde ich es nicht gut, die Sache einfach umzudrehen (Mann ist zu Hause, Frau ist erwerbstätig). Besser ist dann ein Kompromiß. Auf jeden Fall möchte ich intensiv an der Kindererziehung teilnehmen, nicht nur so nach Feierabend. Ich finde im Zweifel die Familie wichtiger als den Beruf.»

Stephan (17 Jahre):
«So etwa ab 30 möchte ich heiraten und drei bis vier Kinder haben. Die Kinder dürfen auf keinen Fall allein gelassen werden. Wenn es nicht anders geht, würde ich auch meiner Frau zuliebe Teilzeitarbeit machen. Ganz raus aus dem Beruf möchte ich nicht. Ich weiß nicht, ob ich den ganzen Tag zu Hause ausgefüllt wäre, außerdem ist ja dann später der Anschluß an den Beruf sehr schwer. Ich halte auch die Familie wichtiger als den Beruf und würde deshalb wegen der Familie beruflich auch zurückstecken.»

Michael (16 Jahre):
«So ab 30 will ich heiraten und dann etwa zwei Kinder haben. Wenn die Frau auch einen Beruf hat, wird das natürlich mit den Kindern schwierig. Auf jeden Fall muß man darauf achten, daß die Familie genug Geld ins Haus kriegt. Wenn ich also sehr gut verdiene, wäre es schwierig, den Beruf zu reduzieren. Auf keinen Fall möchte ich den Beruf aufgeben. Die umgekehrte Rollenverteilung bringt doch für die Kinder nichts, außerdem wäre ich sehr ungern von meiner Frau abhängig. Eventuell würde ich mich auf eine Teilzeit-Aufteilung einlassen. Jedenfalls möchte ich viel von meinen Kindern sehen und mich auch sehr viel um sie kümmern.»

Thomas (16 Jahre):
«Ab 30 möchte ich heiraten und dann vier bis fünf Kinder haben. Wenn die Frau auch berufstätig ist, würde ich sie auf keinen Fall hängenlassen. Als Lehrer wäre ich ja nachmittags zu Hause, dann könnte ich mich um die Kinder kümmern. Einer muß auf jeden Fall bei den Kindern sein. Falls das so nicht geht, würde ich Teilzeitarbeit machen. Wenn es wegen der Berufstätigkeit der Frau besonders wichtig wäre, würde ich auch mal mit dem Beruf eine längere Zeit aussetzen.»

Alle Jungen waren sich einig, daß sie mehr Zeit für ihre Kinder haben wollten als ihre Väter für sie. Einen Beruf, der zu wenig Zeit für die Familie läßt, würden sie wahrscheinlich ausschlagen.

Keine Sorge – ich gebe mich keinen übertriebenen Hoffnungen hin! Aber wenn nur einer dieser Jungen seine Vorstellungen später in die Tat umsetzen sollte, wären wir bereits ein Stück weiter.

Natürlich stellt sich die Frage, ob überhaupt konkrete Möglichkeiten denkbar sind, Arbeitseinteilung – Mann: Beruf + Familie – Frau: Beruf + Familie – Wirklichkeit werden zu lassen. Sehr oft höre ich von Männern das Argument: «Wir würden ja gern wollen, aber wir können ja gar nicht.» Tatsächlich haben Männer zur Zeit nur in Ausnahmefällen die Möglichkeit, ihre Berufstätigkeit derart einzuschränken, daß sie sich in gleichem Maße wie die Frau an Kindererziehung und Haushalt beteiligen können. Bisher haben Männer allerdings diese Forderung auch fast nie laut werden lassen!
Ich bin davon überzeugt:
In dem Augenblick, wo ein großer Teil der Männer seinen Anspruch auf Ausübung von Familienpflichten laut und massiv geltend machte, in jenem Augenblick würden Arbeitgebern und Politikern die entsprechenden Maßnahmen auch einfallen.
Immerhin gibt es ja bereits eine Reihe von konkreten Vorschlägen zur Lösung des Problems – leider bisher fast nur von Frauen vorgetragen.

Als Übergangslösung bietet sich zum Beispiel ein großes Angebot von Teilzeitarbeitsplätzen an. Um entsprechenden Argumenten zuvorzukommen: 60 % aller Arbeitsplätze sind in Teilzeitarbeit aufteilbar. Wenn man nicht nur Teilbarkeit im Vier-Stunden-Rhythmus vorsieht, sondern auch im Mehrtagerhythmus und als funktionale Teilung, steigt der Prozentsatz sogar auf 90 %.[14] Viele Karrierejobs könnten sicher nicht in Teilzeit wahrgenommen werden. Vielleicht aber ist es jungen Männern zuzumuten, der Kinder wegen die Karriere ein wenig aufzuschieben. Karriereverzicht ist von Frauen bisher anstandslos erwartet worden!
Teilzeitarbeit erscheint deshalb nur als Übergangslösung, weil sie bis jetzt Arbeit zweiter Qualität ist mit wenig Aufstiegschancen und wenig Verdienst. Alles spricht dafür, daß auch in Zukunft Teilzeitbeschäftigte gegenüber Vollzeitbeschäftigten erheblich im Nachteil sein werden.

Auf Dauer sehe ich eine reale Lösung für die Vereinbarkeit von Beruf

und Familie in einer allgemeinen Arbeitszeitverkürzung. Damit meine ich mittelfristig den Sechs-Stunden-Tag, langfristig den Fünf-Stunden-Tag für alle.[15] Ich bin davon überzeugt, daß wir mit fünf bis sechs Arbeitsstunden täglich, vorausgesetzt, *alle* arbeiten, alles das schaffen könnten, was in unserer Gesellschaft heute geleistet wird. Mit einem Sechs- oder Fünf-Stunden-Tag bliebe dann – bei gewissen Sonderregelungen für Eltern mit kleinen Kindern, die ich noch aufzeigen werde – genug Zeit für Kinder, Familie und Privatleben. Sind die Kinder groß, hätte jeder Erwachsene endlich auch Zeit für Alte und Kranke und sonstige Aufgaben, die wir heute Hausfrauen mit großen Kindern überlassen. Arbeitszeitverkürzung würde außerdem das Problem lösen helfen, wie wir die in den nächsten Jahren durch Technisierung immer knapper werdende Arbeit gerecht verteilen.
Ich glaube nicht, daß ich hier utopische Ideen verbreite. Noch vor hundert Jahren hätte mich jeder für verrückt erklärt, wenn ich die heutige Vierzig-Stunden-Woche prophezeit hätte. Führende Vertreter der Gewerkschaft fordern heute schon öffentlich die Fünfunddreißig-Stunden-Woche.[16]
Für Mütter und Väter mit kleinen Kindern müßten natürlich zusätzliche Maßnahmen gefordert werden:
- Für Mutter und Vater nach der Geburt eines Kindes mindestens je ein halbes Jahr Mutter- bzw. Vaterurlaub bei vollem Lohnausgleich und Arbeitsplatzgarantie; der Urlaub sollte zum Schutz der Kinder mit einem Beschäftigungsverbot gekoppelt werden[17];
- für weitere zwei Jahre (also bis das Kind drei Jahre alt ist) für beide Eltern Elternurlaub, aufgeteilt an Mutter und Vater, mit angemessener Lohnentschädigung und Wiedereinstellungsgarantie oder
- für diese zwei Jahre reduzierte Arbeitszeit für beide Eltern mit gewissen Lohnabstrichen;
- bis zum Alter von vierzehn Jahren des jüngsten Kindes für beide Eltern die Möglichkeit reduzierter Arbeitszeit.

Daneben gelten selbstverständlich die schon lange von einigen politischen Parteien erhobenen Forderungen nach gut ausgestatteten Kinderkrippen für alle die Eltern oder allein erziehende Elternteile, die darauf angewiesen sind oder diese aus bestimmten Gründen bevorzugen, sowie nach kindgerechten Kindergärten und Ganztagsschulen.

Alles ist also möglich – wir müssen es nur wollen.
Wollen wir etwas ändern?
Das kommt darauf an, wie sehr wir leiden. Menschen verändern sich und ihre Umwelt nur unter Leidensdruck.
Sicher leiden auch Männer in der patriarchalischen Gesellschaft. Aber

sie sitzen trotz allem auf der Sonnenseite des Systems. Meist haben sie auch noch jemanden, an den sie den Leidensdruck weitergeben können, in der Regel ihre Frauen.

Frauen sind die Opfer der Opfer.

Sie riskieren im Patriarchat, geschlagen und vergewaltigt, gedemütigt und ohne einen Pfennig sitzengelassen zu werden. In dem männlich/weiblichen Rollenspiel ziehen sie eindeutig den kürzeren. Der Leidensdruck von Frauen erreicht heute oft die Grenze des Unerträglichen. Das beweisen unter anderem auch die vorliegenden Berichte.

Der Anstoß zur Veränderung wird also in erster Linie von Frauen ausgehen. Sie müssen anfangen, das Fundament für das Zusammenleben der Geschlechter neu zu bauen, und sie müssen Männer auffordern, das gleiche zu tun. Es gilt, das Patriarchat zu verändern, das Patriarchat in uns und um uns herum. Vor allem zunächst das Patriarchat in uns.

Alice Schwarzer sagt in ihrem Bestseller *‹Der kleine Unterschied und seine großen Folgen›* an einer Stelle:

«Wir müssen lernen, an uns selbst zu denken. Frauen müssen endlich verzichten auf ihr ach so weibliches Verzichten.» [18]

Das zu lernen ist nicht leicht. Ich weiß es aus eigener Erfahrung. Auch mir wurde, wie im 1. Kapitel berichtet, die Emanzipation nicht an der Wiege gesungen. Die weibliche Verzichtsrolle steckt tief in den Knochen, von Kindheit an eingeübt und durch die Umwelt bis heute täglich neu bestätigt. Ich erinnere mich noch sehr gut an meine tausend Ängste, als ich zum erstenmal in Gruppen der neuen Frauenbewegung ein bißchen mehr für mein weibliches eigenständiges Selbstbewußtsein tun wollte. Ängste vor dem Neuen, was da auf mich zukam! Ängste vor allem natürlich vor Männern, die mich als unweibliche Emanze abqualifizieren könnten.

Ganz allmählich lernte ich, daß sich hinter männlicher Emanzenfeindlichkeit sehr oft massive Angst verbirgt. Viele Männer können schwache und unselbständige Frauen viel leichter akzeptieren, da sie die eigene Männlichkeit so unbeschadet widerspiegeln. Zumindest das verkorkste Bild von der beherrschenden Männlichkeit des Super-Mannes.

Was sollen wir mit Super-Männern?

Die Zeit der Ritter und Helden ist vorbei. Auch die Zeit der Puppen. Wir brauchen Menschen.

Anmerkungen

1. Kapitel «Ich gehöre dazu»

1 Nach Angaben des Statistischen Bundesamtes gab es 1977 in der Bundesrepublik ca. 26 Millionen Frauen über 15 Jahren. Davon sind rund 16 Millionen nicht erwerbstätig. Von diesen 16 Millionen nicht erwerbstätiger Frauen sind 4,37 Millionen Mütter mit einem oder mehreren Kindern unter 15 Jahren = 27 % (oder 17 % aller 26 Millionen Frauen). Auf sie trifft in erster Linie der Begriff «Voll-Hausfrau» oder, wie ich ihn verwende, «Familien-Hausfrau» zu.
Siehe dazu die Dokumentation des Deutschen Hausfrauen-Bundes 1979 «Die Situation der Hausfrau heute».

2 Die meisten der fast 26 Millionen Frauen (über 15 Jahren) üben den Beruf Hausfrau aus, das heißt, daß sie in irgendeiner Form einen Haushalt führen, siehe Anmerkung 1.

2. Kapitel «Meine – unsere Trugbilder von der Ehe»

1 «Die Darstellung der Frau und die Behandlung von Frauenfragen im Fernsehen», bekannt als «Küchenhoff-Studie», Schriftenreihe des Bundesministers für Jugend, Familie und Gesundheit, Band 34, Verlag Kohlhammer, insbesondere S. 16ff, S. 94.

2 Odin «Die kranke Ehe», Zeitschrift für das gesamte Familienrecht 1978, S. 1ff.

3 Nach einer Untersuchung aus dem Jahre 1979 des Sozialwissenschaftlers Habermehl (Universität Bielefeld) ist jede zweite Ehe gefährdet oder gescheitert (veröffentlicht in «Quick» Nr. 3 vom 10. 1. 1980).

4 Dritter Familienbericht der Bundesregierung 1979, S. 197. Bundestagsdrucksache 8/3120; 8/3121.

5 Sehr aufschlußreich ist die «Makropsychologische Untersuchung der Familie in Europa», Studiengruppe für internationale Analysen, Wien 1977.
Die Untersuchung kommt u. a. zu folgenden Ergebnissen: Bei Annahme der Beibehaltung der bisherigen Entwicklung steigt die Scheidungshäufigkeit in Europa bis zum Jahre 2000 um rund 140 %. Rund 85 % der Ehen werden also im europäischen Durchschnitt bis zum Ende des Jahrhunderts mindestens einmal geschieden werden. Eine Verlängerung des Trends bis zum Jahre 2075 ergibt, daß bis dahin im Durchschnitt alle Ehen zweimal geschieden werden (S. 5).

6 Sieder, Reinhard: «Probleme des Alterns im Strukturwandel der Familie». In: Mitterauer, Michael und Sieder, Reinhard: «Vom Patriarchat zur Partnerschaft», München, Beck Verlag 1977, S. 172.

7 Edward Shorter. «Die Geburt der modernen Familie», Rowohlt Verlag. Reinbek 1977, S. 169.

3. Kapitel «Wie Frauen ihr Leben planen»

1 Die Zahlen stammen aus dem Jahre 1972. Zwischenbericht der Enquete-Kommission des Deutschen Bundestages «Frau und Gesellschaft», «Zur Sache» 1/77, S. 76, Kohlhammer Verlag.

2 Ich gebe das Gespräch gekürzt und teilweise mit meinen eigenen Worten wieder.

3 Der Anteil der Frauen an der Gesamtzahl der Studenten der Rechtswissenschaft stieg von 10 % im Jahre 1961 auf 25 % und 26 % in den Jahren 1975 bis 1977. Von diesen 25/26 % machten aber nur ca. die Hälfte der Studentinnen das erste juristische Staatsexamen. – Statistisches Bundesamt, Statistische Jahrbücher für die Bundesrepublik Deutschland 1963, 1970 und 1976.

4. Kapitel «Recht auf Unterhalt»

1 Bayernkurier vom 8. 12. 1979.

2 Rudolf Augstein in seinem schlimmen Aufsatz «Woran krankt das Eherecht», Spiegel Nr. 49/1979 vom 3. 12. 1979.

3 Kölner Stadt-Anzeiger vom 10. 12. 1979.

4 ISUV Report Nr. 10, Januar 1980.

5 Capital Nr. 10, Oktober 1979.

6 «Die wirtschaftliche Situation ‹unvollständiger› Familien in der Bundesrepublik Deutschland», Bericht der Sozialwissenschaftlichen Forschungsgruppe des Max-Planck-Instituts für Ausländisches und Internationales Privatrecht, Hamburg, Dezember 1978/September 1979.

7 S. 91 ff des Berichts. Hier ist jeweils das Gesamteinkommen (= ausgabefähige Einkommen und Einnahmen) der ganzen Familie gemeint, also auch z. B. etwaiges Einkommen der Kinder miteinbezogen. Der Begriff «ausgabefähige Einkommen und Einnahmen» umfaßt im Gegensatz zum sog. «Haushaltsnettoeinkommen», s. Fußn. 17, *alle*, auch einmalige Einnahmen.

8 S. 64.

9 S. 101 ff.

10 S. 105.

11 S. 111.

12 «Sicherung des Unterhalts für Kinder alleinstehender Elternteile». Unveröffentlichte Untersuchung des EMNID-Instituts GmbH & Co., Bielefeld, durchgeführt im Auftrag des Bundesministeriums für Jugend, Familie und Gesundheit, Bonn. Januar 1978. Zitiert mit ausdrücklicher Genehmigung.

13 Tabelle 21.

14 S. 25.

15 S. 34.

16 S. 99.

17 Statistisches Bundesamt, Fachserie 15, Reihe 1.

18 Die «Düsseldorfer Tabelle» ist in großen Teilen der Bundesrepublik Grundlage für die Unterhaltsberechnungen der Gerichte.

19 Berechnung des Deutschen Familienverbandes, Bezirksverband München, 8000 München 40, Krumbacherstraße 2, Oktober 1978.
20 Diese Berechnung beruht ebenfalls auf der «Düsseldorfer Tabelle».
21 Die Namen sind erfunden. Die Personen existieren, die Zahlen der Gehälter entsprechen der Wirklichkeit.
22 Oberlandesgericht Hamburg in: Neue Juristische Wochenschrift 1978, S. 545 und Oberlandesgericht Bremen in: Neue Juristische Wochenschrift 1978, S. 1331 Nr. 15 und 16.
23 Amtsgericht Pinneberg, Zeitschrift für das gesamte Familienrecht 1978, S. 119.
24 Palandt-Diederichsen, Kommentar zum Bürgerlichen Gesetzbuch, 39. Auflage, § 1579 Anmerkung 2 d mit zahlreichen Literaturhinweisen.
25 Dr. Urusula Lantzke: «Unterhalt und Getrenntleben – eine Bilanz der Eherechtsreform» mit zahlreichen Belegen aus der Rechtsprechung.
26 Ebd.
27 Anklänge an diesen Gedanken finden sich im Urteil des Bundesgerichtshofes vom 7. 3. 1979 in: Zeitschrift für das gesamte Familienrecht, 1979, S. 569.
28 Ich bin hier auf die Rechtslage nach dem alten Eherecht, in dem das Schuldprinzip galt, nicht mehr eingegangen. Selbstverständlich bekam damals die Ehefrau bei «Verschulden», zum Beispiel wegen einer ehewidrigen Beziehung, keinen Unterhalt.
29 Max-Planck-Studie, Tabelle 5.

5. Kapitel «Der Kampf um die Kinder»

1 «Die Rolle des Mannes und ihr Einfluß auf die Wahlmöglichkeit der Frau», Empirische Untersuchung des INFAS, angeregt und gefördert vom Bundesministerium für Jugend, Familie und Gesundheit, Februar 1976. Die Studie kommt u. a. zu folgenden Ergebnissen: Von den Männern, die allein berufstätig sind, würden nur knapp ein Drittel bei der Hausarbeit mithelfen; ist die Frau auch berufstätig, würden das zwei Drittel der Männer tun. 16 % der Männer und 72 % der berufstätigen Ehefrauen widmen sich am Feierabend der Hausarbeit.
2 Zitiert nach einem Bericht der «Welt» vom 25. 3. 1977.
3 In diesen Zeiten wurden vielleicht in 3 bis 5 % aller Fälle die Kinder dem Vater zugesprochen.
4 Max-Planck-Studie, a. a. O. S. 72.
5 S. 145.
6 Nach einem Bericht des Verbandes Alleinstehender Mütter und Väter – Bundesverband e. V. aus dem Jahre 1978 sind von den alleinstehenden Ein-Elternteil-Familien 13,6 % Väter.
7 «Abschied vom Mythos der Mutterbindung», Titelgeschichte im «Spiegel» Nr. 11 vom 10. 3. 1980, S. 38ff:
«Auch Väter sind gute Mütter», Quick Nr. 23 vom 1. 6. 1978.

6. Kapitel Wirtschaftliche Misere

1 Tabellen 13, 14 und 15 mit Vergleichszahlen zur Standard-Voll-Familie (Max-Planck-Studie, a. a. O.).
2 Tabelle 11
3 Tabelle 11
4 Tabelle 12
5 Tabelle 12
6 Tabelle 23
7 Tabelle 24
8 Tabelle 25
9 Tabelle 26
10 «Woran krankt das Eherecht». In Spiegel Nr. 49 vom 3. 12. 1979.
11 Entschließungen der Arbeitskreise des 2. Deutschen Familiengerichtstages, Zeitschrift für das gesamte Familienrecht 1979, S. 897.

7. Kapitel «Frauen verzichten»

1 Aus der großen Fülle der Literatur seien nur wenige Beispiele herausgegriffen: Simone de Beauvoir: «Das andere Geschlecht», Rowohlt Verlag
Elena Gianini Belotti: «Was geschieht mit kleinen Mädchen», Verlag Frauenoffensive
Degenhardt und Trautner: «Geschlechttypisches Verhalten», Beck'sche Schwarze Reihe
Elisabeth Dessai: «Hat der Mann versagt?», Rowohlt Verlag
Roland Eckert: «Geschlechtsrollen und Arbeitsteilung?» Beck'sche Schwarze Reihe
Germaine Greer: «Der weibliche Eunuch», Fischer Verlag
Marielouise Janssen-Jurreit: «Sexismus», Carl Hanser-Verlag
Ursula Scheu: «Wir werden nicht als Mädchen geboren, wir werden dazu gemacht», Fischer Verlag
Alice Schwarzer: «Der kleine Unterschied und seine großen Folgen», Fischer Verlag
2 Elisabeth Dessai: «Hat der Mann versagt?», Rowohlt Verlag, S. 11.
3 Bericht aus: General-Anzeiger für Bonn und Umgebung vom 19. 8. 1975.
4 Dessai, a. a. O. S. 41.

8. Kapitel «Ende der Hausfrauenehe»

1 Siehe Anm. 5 zum 2. Kapitel.
2 Ruth Höh/Annegret Kulms: «Scheidung – Befreiung oder Katastrophe?» Ergebnisse der Befragung zur Situation der geschiedenen Frau in der BRD, durchgeführt 1974 am Forschungsinstitut für Soziologie der Universität Köln, Hamburg 1976.
3 Siehe Anm. 5 zum 2. Kapitel.
4 §§ 42ff Ehegesetz vom 20. 2. 1946.
5 Bericht des «General-Anzeigers für Bonn und Umgebung» vom 29./30. 10. 1979: «Mit 40 auf dem Abstellgleis».

6 Sieder, Reinhard: «Probleme des Alterns im Strukturwandel der Familie». In: Mitterauer, Michael und Sieder, Reinhard: «Vom Patriarchat zur Partnerschaft», München 1977, S. 172.
7 Tabelle 3 der Studie des Max-Planck-Instituts für Ausländisches und Internationales Privatrecht, siehe Anm. 6 zum 4. Kapitel.
8 Karla Schatzmeister: «Das Heranwachsen der Kinder und ihr bevorstehender Wegzug aus dem Elternhaus im Erleben der Mutter», unveröffentlichte Diplomarbeit, Bonn 1979; Bettina Mudrich: «Der Wegzug des letzten Kindes aus dem Elternhaus im Erleben der Mutter», unveröffentlichte Diplomarbeit, Bonn 1978.
Beide Arbeiten verweisen auf andere Untersuchungen zu diesem Thema.
9 Genauso sieht es auch Ursula Lehr in ihrem Buch «Ist Frauenarbeit schädlich?», Edition Interfrom, Zürich 1979.
10 Die Bezeichnung stammt von Herrad Schenk: «Die feministische Herausforderung», C. H. Beck 1980, S. 195.
11 Helge Pross: «Die Wirklichkeit der Hausfrau», Reinbek (rororo sachbuch 6989), 1976 S. 142ff.
12 Hervorgehoben sei Ursula Lehr: «Die Rolle der Mutter in der Sozialisation des Kindes», Steinkopff-Verlag 1974, 3. Kapitel, III, S. 131ff: «Die Bedeutung des Vaters für die Persönlichkeitsentwicklung des Kindes» mit zahlreichen Literaturangaben.
13 Ursula Lehr: «Ist Frauenarbeit schädlich?», Edition Interfrom, Zürich 1979.
Volker Elis Pilgrim: «Dressur des Bösen», Desch, 1974.

9. Kapitel «Alternative»

1 Elisabeth Dessai weist in ihrem Buch «Auf dem Weg in die kinderlose Gesellschaft» nach, daß die Geburtenrate bei uns bereits seit Anfang des Jahrhunderts konstant gesunken ist. Es gibt keinerlei Anzeichen dafür, daß Frauen in Zukunft erheblich mehr Kinder gebären werden als heute (Rowohlt 1979, S. 16ff).
2 Alice Schwarzer: «Der ‹kleine Unterschied› und seine großen Folgen», Fischer, Frankfurt a. M. 1975, S. 218.
3 Statistisches Jahrbuch für die BRD 1977.
4 Aus den Statistiken des letzten Jahrhunderts ist erkennbar, daß sich der Anteil der Frauen an der erwerbstätigen Bevölkerung nur unwesentlich verändert hat.
– Statistisches Jahrbuch 1977.
5 Untersuchung des Soziologischen Forschungsinstituts Göttingen «Arbeitsbedingungen und Arbeitsbewußtsein erwerbstätiger Frauen», 1978.
Elisabeth Noelle-Neumann: «Berufstätige Mütter», Untersuchung des Instituts für Demoskopie Allensbach, 1979; dazu auch der Artikel von Elisabeth Noelle-Neumann in der «Frankfurter Allgemeinen Zeitung» vom 8. 10. 1979: «Die berufstätige Ehefrau ist fröhlicher.»
Ursula Lehr: «Ist Frauenarbeit schädlich», Edition Interfrom Zürich 1979.
6 S. Anm. 5 (Untersuchung des SOFI) Tabelle Nr. 29.

7 Helge Pross: «Die Männer», Rowohlt, Reinbek 1978, S. 139ff.
Anm. 5. «Die ‹Rolle des Mannes› und ihr Einfluß auf die Wahlmöglichkeiten der Frau», Schriftenreihe des Bundesministers für Jugend, Familie und Gesundheit, Band 41, Verlag W. Kohlhammer 1976.
Nach dieser Untersuchung helfen insgesamt nur zwei Fünftel (40 %) aller Männer bei der Hausarbeit (S. 46). Nur 16 % der Männer, aber 72 % der Frauen benutzen den Feierabend für die Hausarbeit (S. 37).

8 Maureen Green: «Die Vaterrolle», Reinbek 1977, S. 159.

9 S. Anm. 12 Kapitel «Ende der Hausfrauenehe» – außerdem
Ursula Lehr: «Ist Frauenarbeit schädlich S. Anm. 5.
Alexander Mitscherlich: «Auf dem Weg zur vaterlosen Gesellschaft», R. Piper & Co., München 1963.

10 Das wurde sehr überzeugend ausgeführt und begründet von Prof. Dr. Roland Eckert, Universität Trier, in der Öffentlichen Anhörung der Enquete-Kommission des Deutschen Bundestages «Frau und Gesellschaft» am 5., 6. und 7. 9. 1979, Stenografisches Protokoll, S. 115ff.
«Geschlechtsrollen und Arbeitsteilung», hg. von R. Eckert, Verlag C. H. Beck 1979.

11 Die Aufhebung der alten Arbeitsteilung wurde vor allem von der neuen Frauenbewegung seit Anfang der siebziger Jahre gefordert. Einen Überblick darüber gibt das neue Buch von Herrad Schenk: «Die feministische Herausforderung», Verlag C. H. Beck 1980.
Inzwischen hat diese Forderung erhebliche Resonanz gefunden. Sie wird heute u. a. vertreten von der Humanistischen Union in Deutschland, von großen Teilen der Arbeitsgemeinschaft Sozialdemokratischer Frauen und von Vertreterinnen der Gewerkschaften.

12 «Mädchen in Männerberufen», allensbacher berichte 1979 Nr. 15, Institut für Demoskopie Allensbach.

13 Ich gebe die Antworten in eigener Formulierung und verkürzt wieder.

14 Bericht von Reg. Dir. Dr. Richard Groß (Ministerium für Soziales, Gesundheit und Umwelt in Rheinland-Pfalz) über eine Untersuchung im Auftrag seines Hauses aus dem Jahre 1978 in der Öffentlichen Anhörung der Enquete-Kommission des Deutschen Bundestages «Frau und Gesellschaft» am 5., 6. und 7. 9. 1979, Stenografisches Protokoll S. 132.

15 Leitartikel «Weniger Beruf – mehr Familie» in «Korrespondenz die frau» Nr. 1, 1979, S. 1ff; vor allem der Bericht «Sechs-Stunden-Tag für alle» über die «Aktionsgemeinschaft SECHS-STUNDEN-TAG für alle» gegründet von Edith Tohde, Hamburg 1978.
Der Arbeitskreis «Arbeitszeit» des Deutschen Frauenrats (Dachverband für 31 Frauenorganisationen mit ca. 10 Millionen Mitgliedern) schlug bereits im Januar 1978 einen Modellversuch für eine 30-Stunden-Woche vor. (Wir sind) der Meinung, daß die 30-Stunden-Woche (5 Arbeitstage a² 6 Stunden) für alle Erwerbstätigen angestrebt werden soll. Wir sehen in dem Modell eines Sechs-Stunden-Arbeitstages für alle zur Zeit die einzige Chance insbesondere für Frauen, Beruf, Familie und gesellschaftliche Aufgaben in

Einklang zu bringen. Die Doppelbelastung vieler Frauen kann dadurch abgebaut werden; auch die Väter hätten mehr Zeit für die Familie.»

16 DBG-Vorsitzender Heinz Oskar Vetter in einem Interview der «Neuen Osnabrücker Zeitung», zitiert nach «General-Anzeiger für Bonn und Umgebung» vom 4. 2. 1980.
Auf ihrem Wahlparteitag in Essen am 9./10. 6. 1980 hat nun auch die SPD die Forderung nach der 35-Stunden-Woche in das Wahlprogramm 1980 aufgenommen.

17 Elisabeth Dessai entwirft in ihrem Buch «Auf dem Weg in die kinderlose Gesellschaft» (Rowohlt 1979) ein sehr ausführliches und gutes Modell hierzu. Sie fordert den Erlaß eines «Elternschutzgesetzes», insbesondere hierzu S. 85 ff.

18 S. Anm. 2, S. 228.

965/3